외국어 전문 출판 브랜드
맛있는 books

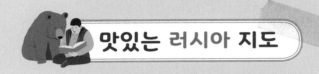

맛있는 러시아 지도

칼리닌그라드 **Калининград**

상트페테르부르크 **Санкт-Петербург**

모스크바 **Москва**

니즈니노브고로드 **Нижний Новгород**

카잔 **Казань**

로스토프나도누 **Ростов-на-Дону**

에카테린부르크 **Екатеринбург**

소치 **Сочи**

노보시비르스크 **Новосибирск**

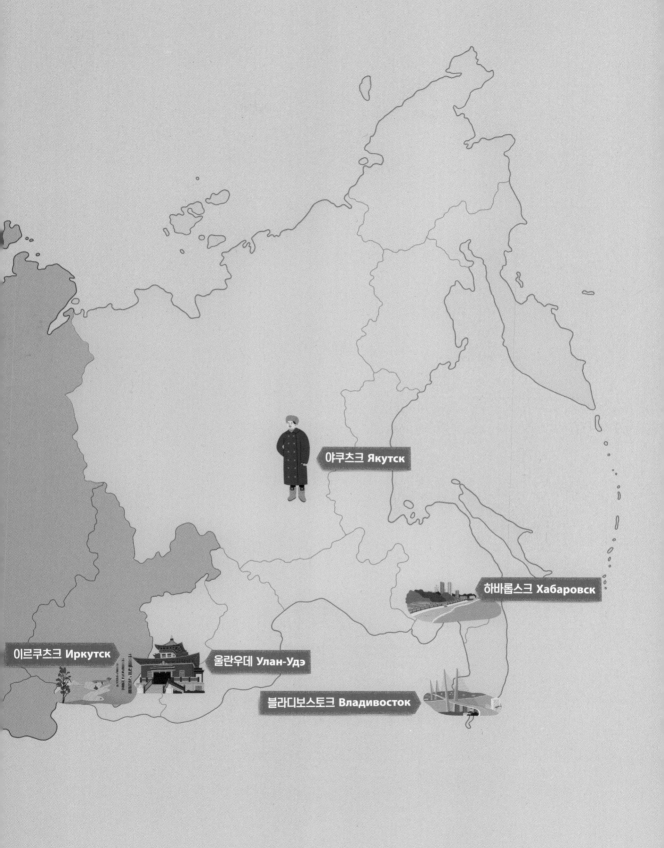

야쿠츠크 Якутск

하바롭스크 Хабаровск

이르쿠츠크 Иркутск

울란우데 Улан-Удэ

블라디보스토크 Владивосток

맛있는 러시아어

독학 첫걸음

JRC 언어연구소 기획
김정, 일리야 저

맛있는 books

초판 1쇄 발행	2021년 11월 10일
초판 2쇄 발행	2023년 10월 10일

저자	김정 ¦ 일리야
기획	JRC 언어연구소
발행인	김효정
발행처	맛있는books
등록번호	제2006-000273호
편집	최정임
디자인	이솔잎 ¦ 박정현
제작	박선희
삽화	박은미

주소	서울시 서초구 명달로54 JRC빌딩 7층
전화	구입문의 02·567·3861 ¦ 02·567·3837
	내용문의 02·567·3860
팩스	02·567·2471
홈페이지	www.booksJRC.com

ISBN	979-11-6148-059-6 13790
정가	16,500원

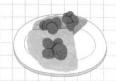

Не имей сто рублей, а имей сто друзей.
100루블을 가지지 말고, 100명의 친구를 사귀어라.

언어를 배울 때에는 문법을 공부하고 단어를 암기하는 것도 중요하지만, 그 나라 사람들을 만나 보는 것이 큰 도움이 됩니다. 현지에서 원어민이 말하는 것을 직접 듣고 그들과 소통하다 보면, 언어 공부는 물론 그 나라의 문화를 이해하는 데에도 큰 도움이 되죠.

러시아 사람을 처음 만나면 어딘지 모르게 차가운 듯한 인상에 쌀쌀맞아 보이기도 해서 쉽게 말을 걸기가 망설여집니다. 하지만 의외로 막상 말을 걸고 도움을 요청하면 열정적으로 자기 일처럼 나서서 도와주는 경우가 많죠. 생각보다 영어가 잘 통하지 않는 러시아를 여행하면서, 러시아인들에게 크고 작은 도움을 요청하려면 기본적인 문장 정도는 알고 가야겠죠? 『맛있는 러시아어 독학 첫걸음』은 러시아를 여행하면서 꼭 필요한 표현들을 정리해 본다는 목적으로 만들게 되었습니다.

이 책은 러시아어 학습서로서 꼭 배워야 할 기초적인 문법을 쉽게 정리하는 데 중점을 두었습니다. 러시아어는 문법이 복잡하고 예외 사항도 많아 전공자들도 어려워하는 경우가 많습니다. 기초 학습자들이 알아 두어야 할 사항들을 비교적 보기 쉽게 전달하면서 간단한 대화문과 함께 제시해 흥미를 느낄 수 있도록 구성했습니다.

러시아에는 아름다운 명소들이 참 많습니다. 특히 페테르부르크는 거리만 걸어도 그 이국적이고 아름다운 모습에 반하게 되는데요. 막연히 러시아 여행을 두려워하기보다는 간단하고 실용적인 러시아어 표현들을 익혀 여행을 한번 떠나 보는 건 어떨까요? 『맛있는 러시아어 독학 첫걸음』을 통해 러시아어뿐만 아니라 러시아에 대해 조금 더 잘 이해하게 되고, 나아가 여러분이 러시아 여행에 용기를 내보는 계기가 된다면 좋겠습니다.

러시아에 '100루블을 가지지 말고, 100명의 친구를 사귀어라'라는 속담이 있습니다. 돈보다는 인간관계를 더 중요시하라는 뜻인데요. 러시아의 아름다운 곳들을 마음껏 여행하고, 러시아 친구들을 사귈 수 있는 기회를 가지게 된다면 더할 나위 없이 좋겠죠! 더불어 이 책을 만드는 데 함께 해준 좋은 친구들, 특히 이 책의 주인공이자 감수를 맡아 준 박주현 선배와 맛있는북스 식구 여러분께 감사의 인사를 전하고 싶습니다.

김정, 일리야

• WEEK 워밍업

주마다 테마가 되는 여행지와 학습 내용을 지도와 생생한 삽화를 통해 한눈에 확인할 수 있어요.

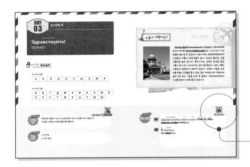

• DAY 워밍업

지난 학습을 복습하고, 오늘의 스토리 회화, 학습 포인트, 핵심 문법을 미리 확인할 수 있어요.

★ QR코드를 스캔하여 동영상 강의를 들어 보세요.

• 맛있는 핵심 문법

핵심 문법과 표현을 익히고, 표현&문화 TIP도 함께 확인해요.

실력 다지기

다양한 문제로 핵심 문법을 확실하게 다질 수 있어요.

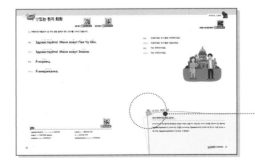

• 맛있는 현지 회화

테마 여행지를 배경으로 핵심 문법을 활용한 생생한 현지 회화를 학습해요.

맛있는 회화 TIP

네이티브처럼 말할 수 있는 회화 TIP을 알아 두세요.

•맛있는 연습 문제

오늘 배운 핵심 내용을 복습할 수 있어요.

지금 떠나는 러시아 문화 여행

테마 여행지의 정보와 러시아 문화를 담았어요.

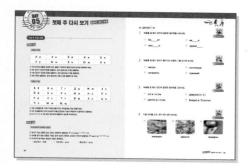

• WEEK 다시 보기

한 주 동안 배운 내용을 한눈에 정리하고 연습 문제로 확실하게 복습해요.

우리만 알고 있는 러시아 이야기

러시아의 음식 문화, 공휴일&기념일, 알아 두면 좋은 팁 등을 함께 알아봐요.

현지에서 한마디!

꼭 한번은 쓰게 될 필살기 문장 익히기!

•별책 부록• 표현 미니북

러시아에 갈 때 꼭 챙겨야 할 필수품!

현지에서 유용한 상황별 표현으로 구성

한눈에 파악!

활용도 높은 인덱스

독학을 응원하는
특별 부록을 소개합니다!

특별 부록 구성

표현 미니북

현지에서 바로바로 꺼내어 쓸 수 있는 단어와 문장을 담았어요.

주목 우리말과 러시아어 동시 녹음으로 들을 수 있어요.

러시아 지도

테마 여행지를 한눈에 볼 수 있는 지도로 오늘의 여행지를 미리 만날 수 있어요.

러시아어 키보드 자판

키보드 자판을 잘라서 타자 연습을 하며 러시아어 알파벳을 익혀 보세요.

러시아어 발음

한눈에 보기 쉽게 러시아어 모음과 자음을 정리해 놓았어요.

무료 MP3

우리말과 함께 원어민의 생생한 발음으로 녹음되어 있어 러시아어 발음, 단어, 문법, 회화를 익히기 쉬워요.

무료 동영상 강의

QR코드를 스캔하면 동영상 강의를 들을 수 있어요. 러시아어 발음, 핵심 문법, 회화 등을 담은 알찬 강의와 함께라면 혼자서도 문제없어요.

무료 동영상 강의 보는 방법

방법 ❶

QR코드 리더로 접속

동영상 강의

*QR코드 리더 어플을 설치해 주세요.

스마트폰으로 **책 속의 QR코드를 스캔**하면
동영상 강의를 볼 수 있어요.

방법 ❷

유튜브 홈페이지에 접속

You Tube 에서

맛있는 러시아어 독학 첫걸음 🔍 을

검색하세요!

맛있는 스쿨 📲 채널에서 '맛있는 러시아어 독학
첫걸음' 동영상 강의를 볼 수 있어요.

MP3 파일 다운로드 방법

①

QR코드를 스캔하면 바로
다운로드할 수 있어요.

②

맛있는북스 홈페이지에 로그인한 후
다운로드할 수 있어요.

차례

WEEK 01 | 지금 상트페테르부르크를 만나러 가자!

WEEK 02 | 지금 모스크바를 만나러 가자!

WEEK 01

DAY 01	DAY 02	DAY 03	DAY 04	DAY 05
본책 18-27쪽	본책 28-33쪽	본책 34-43쪽	본책 44-53쪽	본책 54-59쪽
월 일	월 일	월 일	월 일	월 일
발음 1 • 모음 • 자음	**발음 2** • 강세 • 기타 기호	**인사하기** • 인사말 • 국적 표현	**길 물어보기** • 장소를 묻는 표현 • 명사의 성	**완전 익히기** DAY 01–DAY 04 **복습**

WEEK 02

DAY 06	DAY 07	DAY 08	DAY 09	DAY 10
본책 62-71쪽	본책 72-81쪽	본책 82-91쪽	본책 92-101쪽	본책 102-107쪽
월 일	월 일	월 일	월 일	월 일
주문하기 • пожалуйста의 다양한 표현 • 숫자 표현 1～10	**소감 표현하기** • 평서문의 주어 это • 형용사의 성 • 감탄문	**희망 표현하기** • 희망 표현 • 명사의 대격 • 동사 변화	**물건 사기** • 가격을 묻는 표현 • 소감 표현	**완전 익히기** DAY 06–DAY 09 **복습**

WEEK 03

DAY 11	DAY 12	DAY 13	DAY 14	DAY 15
본책 110–119쪽	본책 120–129쪽	본책 130–139쪽	본책 140–149쪽	본책 150–155쪽
월 일	월 일	월 일	월 일	월 일

숙소 구하기
- нужен의 활용과 여격
- 동사의 과거형

날씨 말하기
- нужно+동사원형
- 소유 표현
- 생격

관광하기
- 전치사 в와 на
- 허락을 구하는 표현

날짜와 시간 물어보기
- 요일 묻고 답하기
- 시간 표현

완전 익히기
DAY 11–DAY 14 **복습**

WEEK 04

DAY 16	DAY 17	DAY 18	DAY 19	DAY 20
본책 158–167쪽	본책 168–177쪽	본책 178–187쪽	본책 188–197쪽	본책 198–203쪽
월 일	월 일	월 일	월 일	월 일

소개하기
- 소유대명사
- 조격

교통수단 이용하기
- на+교통수단
- 범위 표현
- 장소부사

취미 말하기
- 취향을 나타내는 동사 нравиться
- 비교 우위 표현

현지인에게 말 걸기
- мочь와 уметь의 활용
- 비교급

완전 익히기
DAY 16–DAY 19 **복습**

러시아어는 어떤 언어일까요?

*러시아어

러시아어는 러시아에서는 물론 주변 국가에서도 많이 쓰이는 언어입니다. UN 공식 언어 중 하나이며 전 세계에서 약 3억 명이 모국어로 사용하는 언어이기도 합니다. 우리말과 달리 강세가 있고 어순이 달라 다소 생소하다고 느껴질 수도 있지만 러시아의 독특하고 매력적인 문화에 다가가는 중요한 열쇠이기도 하죠!

*문자

러시아어에는 '키릴 문자'라고 하는 알파벳이 있습니다. 총 33개의 글자로 이루어져 있죠. 러시아어뿐만 아니라 불가리아어나 몽골어와 같은 언어들도 키릴 문자를 쓰고 있습니다. 영어의 라틴 문자와 비슷하게 생긴 문자가 있어서 공부할 때 주의가 필요해요!

*강세

러시아어는 우리말과 달리 강세가 있는 언어입니다. 강세는 항상 모음에 붙는데, 강세가 달라지면 철자가 같아도 발음이 달라질 뿐만 아니라 의미가 달라지는 경우가 있으니 꼭 주의해서 공부해야 한답니다.

*어순

러시아어의 문장 어순은 우리말과 달리 '**주어 + 술어 + 기타 문장 성분**'입니다.

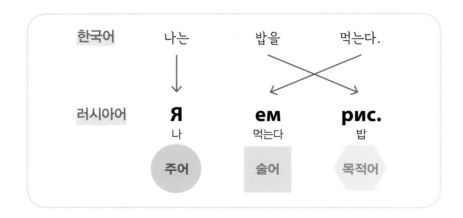

러시아는 어떤 나라일까요?

면적

러시아는 전 세계에서 가장 큰 국가입니다. **우리나라보다 170배**, 미국보다 2배 큰 영토를 가지고 있죠. 총 18개 국가와 국경을 접하고 있고, 연해주쪽의 북한과도 16.9km 길이의 국경을 사이에 두고 맞닿아 있습니다.

명칭

러시아의 공식 명칭은 **Российская Федерация(러시아 연방)**입니다. 1991년에 CCCP(소련)이 붕괴되면서 새로 생긴 이름이죠. 소련이 생긴 1922년까지는 **Российская Империя**(러시아 제국)이라고 불렀습니다.

인구

2021년 통계청 기준에 따르면 러시아의 인구는 **약 1.4억 명**으로 **전 세계**에서 **9위**를 차지합니다. 모스크바를 중심으로 러시아 면적의 약 20%를 차지하는 중부에는 약 70%가 넘는 인구가 거주하고 있는데, 러시아의 인구 분포는 매우 불균형한 패턴을 가지고 있습니다.

수도

러시아의 수도는 **모스크바(Москва)**입니다. 1712년부터 1918년까지의 수도는 상트페테르부르크(Санкт-Петербург)였기 때문에 아직까지 이 두 도시 간에는 약간의 라이벌 의식이 있습니다. 현재 상트페테르부르크는 러시아의 '문화 수도'로 여겨지고 있습니다.

날씨

러시아는 상당히 크기 때문에 지역마다 날씨가 천차만별로 다릅니다. 블라디보스토크 지역은 우리나라와 별 차이가 없지만 모스크바와 상트페테르부르크는 겨울이 춥고 길며 여름이 매우 덥습니다. 러시아로 여행을 떠나기 전에 가려는 지역의 날씨를 미리 꼭 확인하세요.

여행 기본 정보

+ **화폐** : 루블(RUB)
+ **사용 전압** : 220V, 50Hz
+ **시차** : 모스크바와 상트페테르부르크는 6시간 늦고 블라디보스토크는 1시간 빠름
+ 여행은 **무비자**로 입국일로부터 6개월 이상 유효한 여권과 귀국 항공권을 소지하면 최대 60일간 체류 가능

일러두기

1. 일부 과는 학습의 부담을 줄이기 위해 러시아어 발음을 최대한 현지 발음에 가깝게 우리말로 표기했습니다.

2. 정확한 발음 학습을 위해 원어민의 실제 발음을 들으며 학습하시길 바랍니다.

3. 기초 학습자가 말하기 연습을 할 수 있도록 녹음은 보통 속도보다 약간 느리게 녹음되어 있습니다.

4. 기초 학습자의 수준에 맞춰 최대한 불규칙 동사를 배제한 예문으로 구성했습니다.

5. 러시아어 문법은 예외가 많지만 간단히 배워 실용적으로 적용할 수 있도록 핵심 내용을 위주로 설명했습니다.

6. 216쪽~224쪽에 격변화 및 주제별 단어를 한눈에 볼 수 있도록 정리해 놓았습니다.

7. 인명, 지명 등은 국립국어원의 「외래어 표기법」을 기준으로 하였으며, 익숙한 인명이나 지명은 예외를 두었습니다.

8. 학습의 편의 및 문장의 이해도를 높이기 위해 DAY 03~DAY 19 「맛있는 핵심 문법」의 「실력 다지기」에는 우리말 해석을 제시했습니다.

🎧 MP3 파일 구성

본책
- **맛있는 핵심 문법** 모든 예문과 「실력 다지기」의 완전한 문장을 러시아어로 들을 수 있어요.
- **맛있는 현지 회화** 회화 듣기 : 느린 속도로 러시아어 듣기 → 보통 속도로 러시아어 듣기
  직접 따라 말하기 : (한 문장씩) 러시아어 듣기 → 따라 말해 보기
  우리말→러시아어 말하기 : (한 문장씩) 우리말 해석 듣기 → 러시아어 듣기
- **단어** 러시아어 → 우리말 → 러시아어

표현 미니북 우리말 → 러시아어

★ **MP3 파일 무료 다운로드**
맛있는북스 홈페이지(**www.booksJRC.com**)에서 무료로 다운로드할 수 있습니다.

등장인물

지금 상트페테르부르크를 만나러 가자!

이번 주에는?

러시아어 알파벳과 발음을 익힌 후,
인사하고 이름을 말할 수 있어요.

상트페테르부르크

러시아의 베네치아
상트페테르부르크를
여행해요.

발음 1

러시아어의 모음과 자음을
학습해요.

발음 2

러시아어의 강세, 성,
기타 기호를 학습해요.

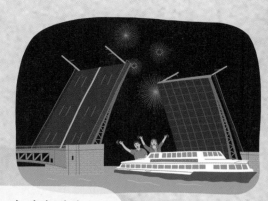

DAY 03

성 이삭 성당

인사 표현을 익혀
반갑게 인사해요.

DAY 04

예르미타시

장소를 묻고
답할 수 있어요.

DAY 05

러시아 문화

전 세계적으로 명성을 떨친 러시아의
문화 예술인에 대해 알 수 있어요.

첫째 주 DAY 01~04 복습

DAY 01~04의 주요 학습 내용을 복습하고,
다양한 문제로 자신의 실력을 체크해 보세요.

러시아어 발음 1
모음과 자음

러시아어 알파벳 익히기에 도전해 볼까요?

 모음

 Track 01-01

러시아어의 모음은 총 10개입니다.

А а	[아]로 발음합니다.	아메리까 Аме́рика 미국	
Е е	강세가 있으면 [예]로 발음하고, 강세 앞에서는 [이]로 발음합니다.	제리바 де́рево 나무	
Ё ё	[요]로 발음합니다.	묘드 мёд 꿀	
И и	[이]로 발음합니다.	마쉬나 маши́на 자동차	
О о	강세가 있으면 [오]로 발음하고, 강세 앞에서는 [아]로 발음합니다.	말라꼬 молоко́ 우유	
У у	[우]로 발음합니다.	스뚜졘뜨 студе́нт 남학생	
Ы ы	[의]로 발음합니다.	릐바 ры́ба 물고기	
Э э	[에]로 발음합니다.	엑스꾸르씨야 экску́рсия 견학	
Ю ю	[유]로 발음합니다.	류지 лю́ди 사람들	
Я я	[야]로 발음합니다. 강세 앞에서는 간혹 [이]로 발음하기도 합니다.	뻬스냐 пе́сня 노래, 이쪼 яйцо́ 달걀	

🌸 **발음 TIP 알아 두세요!**

러시아어의 단어를 발음할 때는 강세를 유의해야 합니다. 강세는 항상 모음에 붙습니다. 같은 모음이라도 강세가 있을 때와 없을 때의 발음이 달라집니다. 이때, 강세가 붙은 모음은 길고 또렷하게 발음합니다. 반면 강세가 붙지 않은 모음은 상대적으로 약하고 부드럽게 발음하며, 경우에 따라 음가가 변하기도 합니다.

2 자음

러시아어의 자음은 총 21개로 유성음과 무성음으로 나뉩니다.

Б б	유성음으로 [ㅂ]과 비슷합니다.	바부쉬까 **бáбушка** 할머니
В в	유성음으로 영어 알파벳 [v]에 해당하는 발음입니다.	블라지바스똑 **Владивостóк** 블라디보스토크
Г г	유성음으로 [ㄱ]과 비슷합니다.	마가진 **магазин** 상점, 가게
Д д	유성음으로 [ㄷ]과 비슷합니다. 뒤에 모음 е, ё, и, ю, я가 있으면 [ㅈ]처럼 발음합니다.	바다 **водá** 물 제두쉬까 **дéдушка** 할아버지
Ж ж	유성음으로 [ㅈ]에 가까운 발음이지만 우리말에는 없는 발음입니다. *원어민의 발음 반드시 체크!	쥬르날 **журнáл** 잡지
З з	유성음으로 영어 알파벳 [z]에 해당하는 발음입니다.	지마 **зимá** 겨울
Й й	유성음으로 [이]로 발음하는데 모음 и보다 짧게 발음합니다.	바이나 **войнá** 전쟁
К к	[ㄲ], [ㅋ]과 비슷합니다.	까레야 **Корéя** 한국
Л л	유성음으로 영어 알파벳 [l]에 해당하는 발음입니다.	빌까 **вилка** 포크
М м	유성음으로 [ㅁ]과 비슷합니다.	미뜨로 **метрó** 지하철
Н н	유성음으로 [ㄴ]과 비슷합니다.	노스 **нос** 코
П п	[ㅃ]과 비슷합니다.	아에라뽀르트 **аэропóрт** 공항
Р р	유성음으로 [ㄹ]과 비슷하며 혀를 입천장에 가볍게 부딪히며 진동하면서 발음합니다. *원어민의 발음 반드시 체크!	리까 **рекá** 강
С с	[ㅅ], [ㅆ]으로 발음합니다.	씨스뜨라 **сестрá** 언니, 누나, 여동생

Т т	주로 단어 첫 음이나 가운데에 오면 [ㄸ], 맨 뒤에 오면 [ㅌ]으로 발음합니다.	뚜리스트 турист 관광객	
Ф ф	영어 알파벳 [f]에 해당하는 발음입니다.	프루크트 фрукт 과일	
Х х	[ㅎ]과 비슷하며 입천장 뒤쪽에서 소리 나는 발음입니다.	무하 мýха 파리	
Ц ц	[ㅉ]과 비슷합니다. *원어민의 발음 반드시 체크!	쩬뜨르 цéнтр 중앙	
Ч ч	[ㅊ]과 비슷합니다.	미취따 мечтá 꿈	
Ш ш	[쉬]와 비슷하며 바람이 새는 소리처럼 가볍게 발음합니다.	쉬꼴라 шкóла 학교	
Щ щ	[시]와 비슷하며 입과 혀에 힘을 주고 발음합니다.	볘시 вéщь 짐, 물건	

 발음 TIP 알아 두세요!

① 유성음이란?

성대를 울리면서 내는 발음을 유성음이라고 하고 반대로 성대를 울리지 않고 내는 발음을 무성음이라고 합니다. 녹음 파일을 들으면서 서로 비교하며 연습해 보세요.

러시아어 자음을 암기할 때에는 유성음과 무성음 알파벳 하나씩 짝을 지어 외우는 것이 효과적입니다. 예를 들어, Б(유성음)와 П(무성음), В(유성음)와 Ф(무성음), Г(유성음)와 К(무성음), Д(유성음)와 Т(무성음), З(유성음)와 С(무성음), Ж(유성음)와 Ш(무성음)입니다.

유성음과 무성음 발음을 잘 구분하지 않으면 단어의 의미가 달라지기도 하므로 주의를 기울여야 합니다.

- 예 бóчка 보취까 나무통　　пóчка 뽀취까 신장
  - год 고드 연　　　　　　код 꼬드 비밀번호
  - дом 돔 집　　　　　　том 똠 권[책을 세는 단위]

② 유성음 자음이 무성음으로 발음될 때

유성음 자음이 다른 무성음 자음과 연달아 올 때, 그리고 단어의 맨 끝에 위치할 때에는 성대를 울리지 않는 무성음으로 발음됩니다.

- 예 везти 비스찌 옮기다, 운반하다 [з] → [с]
  - автобус 압또부스 버스 [в] → [ф]
  - город 고럿 도시 [д] → [т]
  - ёж 요쉬 고슴도치 [ж] → [ш]

③ 혼동하기 쉬운 자음

• ᄊ와 ᄍ

ᄊ는 입에 힘을 빼고 바람 새는 소리를 내뱉듯 상대적으로 부드럽게 발음합니다. 반면 ᄍ는 입과 혀에 힘을 주고 강하게 발음합니다. 두 발음이 매우 비슷하게 들리기 때문에 주의해서 구분해야 합니다.

• ᄍ와 3

3는 영어 알파벳 [z]처럼 윗니와 윗잇몸 사이에서 진동하는 소리로 발음하면 됩니다. ᄍ는 자음 ᄊ와 유사한 혀의 위치에서 발음하는 유성음으로, 즉 성대를 진동하며 발음합니다. 언뜻 보면 '쥐'와 비슷하게 들리지만, 혀의 위치나 목의 떨림 등이 우리말과는 매우 다르므로 주의해야 합니다.

④ 러시아어 알파벳과 영어 알파벳 구분

러시아어 알파벳을 공부하다 보면, 영어 알파벳과 모양이 같거나 비슷하지만 발음은 다른 것들이 눈에 띕니다. 혼동하지 않도록 주의해서 암기해 주세요.

B	영어 알파벳 'B'처럼 생겼지만, 실제로는 [v]처럼 가볍게 아랫입술을 물며 발음합니다.
H	영어 알파벳 'H'처럼 생겼지만, 우리말 [ㄴ]에 해당하는 소리로 발음해야 합니다.
P	영어 알파벳 'P'처럼 생겼지만, 우리말에는 없는 [ㄹ]을 진동시키는 특이한 발음을 가진 글자입니다.
C	영어 알파벳 'C'처럼 생겼지만, 실제로는 [ㅅ] 혹은 [ㅆ]으로 발음해야 합니다.
X	영어 알파벳 'X'처럼 생겼지만, 입천장 뒤쪽에서 나오는 [ㅎ]처럼 발음해야 합니다.
И	영어 알파벳 'N'과 혼동하지 않도록 주의하세요! 우리말의 [이]처럼 발음합니다.
Я	영어 알파벳 'R'과 혼동하지 않도록 주의하세요! 우리말의 [야]처럼 발음합니다.

⑤ 우리말에는 없는 러시아어 발음

шко́ла 쉬꼴라 학교

щёки 쑈끼 뺨

вино́ 비노 와인

цвето́к 쯔비똑 꽃

река́ 리까 강

🌳 러시아어 모음을 써보세요.

А а [아]	А
	а
Е е [예] [이]	Е
	е
Ё ё [요]	Ё
	ё
И и [이]	И
	и
О о [오] [아]	О
	о
У у [우]	У
	у
Ы ы [의]	Ы
	ы
Э э [에]	Э
	э
Ю ю [유]	Ю
	ю
Я я [야] [이]	Я
	я

러시아어 자음을 써보세요.

Б б [ㅂ]	Б
	б
В в [v]	В
	в
Г г [ㄱ]	Г
	г
Д д [ㄷ][ㅈ]	Д
	д
Ж ж [ㅈ]	Ж
	ж
З з [z]	З
	з
Й й [이]	Й
	й
К к [ㄲ][ㅋ]	К
	к
Л л [l]	Л
	л
М м [ㅁ]	М
	м
Н н [ㄴ]	Н
	н

П п [ㅃ]	П
	п
Р р [ㄹ]	Р
	р
С с [ㅅ][ㅆ]	С
	с
Т т [ㄸ][ㅌ]	Т
	т
Ф ф [f]	Ф
	ф
Х х [ㅎ]	Х
	х
Ц ц [ㅉ]	Ц
	ц
Ч ч [ㅊ]	Ч
	ч
Ш ш [쉬]	Ш
	ш
Щ щ [시]	Щ
	щ

맛있는 연습 문제

1 녹음을 잘 듣고 빈칸에 알맞은 알파벳을 써보세요.

① _____олоко   ② _____кола   ③ _____дание

2 다음 단어를 소리 내어 따라 읽어 보세요.

①   ②    ③

паспорт   автобус   сумка

3 녹음을 잘 듣고 알맞은 알파벳을 써보세요.

① _____   ② _____   ③ _____

④ _____   ⑤ _____   ⑥ _____

⑦ _____   ⑧ _____   ⑨ _____

러시아, 어디까지 알고 있니?

러시아는 왠지 낯설고 먼 나라라고 느껴집니다.
우리와는 문화권, 언어, 그리고 인종까지 모두 다 다르기 때문이죠.
하지만 러시아는 알면 알수록 매력적이고 아름다운 나라예요.

러시아 영토

러시아는 지구에서 가장 큰 영토를 차지하고 있습니다. 전체 지구상 육지의 11%를 점유하고 있죠. 유럽과 아시아 대륙에 걸쳐 면적이 약 17,100,000㎢에 달합니다. 우리나라보다 170배나 더 넓은 크기이고, 전 세계 영토 면적 2위인 캐나다보다도 2배 이상 넓습니다. 18개 국가와 국경을 접하고 있는데, 그중에는 39.4㎞에 달하는 북한과의 국경도 있답니다. 러시아 땅의 서쪽 끝과 동쪽 끝 시차는 11시간이나 됩니다. 캄차카 반도에 사는 사람들이 잠자리에 들 준비를 할 때, 수도인 모스크바 사람들은 아침 커피를 내리고 있는 것이죠.

러시아 민족과 언어

러시아는 다민족 국가입니다. 우리가 흔히 알고 있는 '슬라브족'이 인구의 75%에 달하지만, 그 외에 160개가 넘는 소수 민족이 있습니다. 공용어는 물론 러시아어이지만 대부분의 소수 민족은 자신들만의 언어를 쓰고, 종교도 그리스 정교부터 불교까지 다양합니다. 땅이 좁아도 사투리가 많은 우리나라와는 달리, 러시아어에 사투리가 없다는 점은 우리에게는 신기할 수밖에 없는 현상이죠. 그래서 러시아어를 공부해 두면 드넓은 러시아 어디에서나, 심지어 구소련 국가에서까지 아무런 어려움 없이 의사소통을 할 수 있답니다.

러시아의 자연

러시아의 드넓고 광활한 자연은 여러 기록들을 가지고 있습니다. 우선 러시아는 전 세계에서 유일하게 12개의 바다로 둘러싸여 있습니다. 또 시베리아 지역에 위치한 이르쿠츠크에는 전 세계에서 가장 깊고 깨끗한 물을 자랑하는 바이칼호(Байкал)가 있죠. 유럽에서 가장 큰 호수도 역시 러시아에 있는데, 바로 라도가호(Ладожское)입니다. 또 유럽과 아시아의 경계를 상징하는 우랄산맥은 지구상에서 가장 오래된 산맥이라는 기록을 가지고 있죠.

강세와 기타 기호

 동영상 강의

러시아어 알파벳을 익혔다면, 이번에는 단어를 읽는 방법을 알아볼까요? 러시아어 단어를 읽을 때에는 모음에 있는 강세를 반드시 지켜서 읽어야 합니다.

 러시아어의 강세

 Track 02-01

우리말과는 달리 러시아어에는 강세가 있습니다. 강세는 단어를 구성하는 중요한 요소이므로, 단어를 암기할 때는 반드시 원어민의 발음을 듣고 학습해야 합니다. 강세가 달라지면 발음이 달라질 뿐만 아니라 전혀 다른 의미의 단어가 되기도 하므로 항상 주의를 기울여야 합니다. 아래의 단어를 참고해 강세를 익혀 보세요.

① 강세가 있는 모음은 길고 강하고 또렷하게 발음합니다.

- **па**спорт ^{빠스뽀르트 여권}
- **у**тро ^{우뜨라 아침}
- бы**ст**ро ^{비스뜨라 빠르게, 빨리}
- само**лёт** ^{싸말룟 비행기}
- **ле**то ^{레따 여름}
- **по**езд ^{뽀예즈드 기차}
- **э**то ^{에따 이, 이것}
- **я**блоко ^{야블라카 사과}
- **ю**бка ^{윱까 치마}
- кра**си**вый ^{끄라씨븨이 예쁜, 아름다운}

② 강세를 받지 않는 모음은 가볍고 짧게 읽으며, 원래의 소리보다 약하게 발음합니다.

- пас**по**рт ^{빠스뽀르트 여권}
- ут**ро** ^{우뜨라 아침}
- быст**ро** ^{비스뜨라 빠르게, 빨리}
- с**а**мо**лёт** ^{싸말룟 비행기}
- ле**то** ^{레따 여름}
- по**е**зд ^{뽀예즈드 기차}
- э**то** ^{에따 이, 이것}
- ябл**о**к**о** ^{야블라카 사과}
- юбк**а** ^{윱까 치마}
- кр**а**сивый ^{끄라씨븨이 예쁜, 아름다운}

⚠ 같은 철자의 단어라도 강세를 바꾸면 전혀 다른 의미의 단어가 됩니다.

- **му**ка ^{무까 고문}
- **за**мок ^{자먹 성(城)}
- **пи**сать ^{삐싸찌 소변을 보다}
- му**ка** ^{무까 밀가루}
- за**мок** ^{자목 자물쇠}
- пи**сать** ^{삐싸찌 쓰다, 적다}

발음 TIP 알아 두세요!

러시아의 수도 모스크바(Москва)는 사실 '마스크바'라고 발음해야 합니다. 강세가 맨 뒤에 있는 철자 а 에 있기 때문에 첫 모음 о는 힘을 빼고 짧게 '아' 소리로 발음하기 때문이죠. 마찬가지로 볼쇼이 극장의 볼쇼이(Большой)도 러시아 사람들은 '볼쇼이'가 아니라 '발쇼이'라고 발음합니다. '크다'는 뜻의 형용사 Большой는 두 번째 о에 강세가 있기 때문에 첫 번째 о는 짧은 '아' 정도로 발음된답니다.

 러시아어의 성(性) 개념

Track 02-02

러시아어 명사에는 성(性)의 개념이 존재합니다. 남성, 여성, 중성 세 가지 성이 있는데, 의미상으로 구분하기보다는 문법적으로 구분합니다. 대부분의 경우, 명사의 마지막 알파벳이 자음이라면 남성 명사, 모음 -а, -я로 끝나면 여성 명사, 모음 -о, -е로 끝나면 중성 명사로 분류됩니다.

남성	여성	중성
-자음	-а/-я	-о/-е
самолёт 싸말룟 비행기	гостиница 가스찌니짜 호텔	молоко 말라꼬 우유
телефон 찔리폰 전화기	сумка 쑴까 가방	кафе 까폐 카페
город 고럿 도시	Россия 라씨야 러시아	яблоко 야블라카 사과
вокзал 박잘 역	Корея 까례야 한국	метро 미뜨로 지하철
автобус 압또부스 버스	улица 울리짜 길, 거리	пальто 빨또 외투

⚠️ 기본적으로 문법상의 분류이지만, 단어의 뜻이 확실한 성별의 개념을 나타낼 때는 의미가 우선하기도 합니다. 예를 들어, мужчина(무쉬나 남자), папа(빠빠 아빠), дедушка(제두쉬까 할아버지)와 같은 단어는 문법상 여성 명사의 형태를 띠고 있지만 의미를 우선해 남성 명사로 분류합니다.

3 러시아어의 발음 기호 ь와 ъ

러시아어 알파벳에는 자음과 모음 외에도 두 개의 발음 기호가 존재합니다. 연음부호 ь(мягкий знак 먀흐끼 즈낙)과 경음부호 ъ(твёрдый знак 뜨뵤르듸이 즈낙)인데, 이 두 가지 발음 기호는 자체적인 발음은 없지만 항상 자음 뒤에 붙어 앞에 있는 자음의 발음 특징을 강조합니다. 우리에게는 익숙하지 않은 발음 부호이기 때문에 다소 생소하고 구별이 어려울 수 있으므로 원어민의 발음을 잘 듣고 집중해서 들어 보며 학습해야 합니다.

① **연음부호 ь**: 자음 뒤에 연음부호 ь이 오면 앞 자음이 연음이라는 것을 의미하며, 이때 자음을 조금 더 부드럽게 발음합니다.

② **경음부호 ъ**: 자음과 모음 사이에 경음부호 ъ이 오면 앞에 있는 자음과 뒤에 오는 모음을 연결 하지 않고 끊어서 분리해 발음해야 합니다.

⚠ 다음 단어를 잘 듣고 따라 읽어 보세요.

- **мат** 마뜨 욕, 욕설
- **мать** 마찌 어머니
- **кон** 꼰 한 게임, 한 판
- **конь** 꼰 말[동물]
- **мол** 몰 방파제
- **моль** 몰 좀벌레
- **объявление** 압이블례니에 안내, 통지 → [아비블례니에]보다는 [압/이블례니에]처럼 발음합니다.
- **подъезд** 빠드예스드 현관 → [빠졔스드]가 아니라 [빠드/예스드]로 발음합니다.
- **объём** 압이욤 크기, 양 → [아봄]보다는 [압/이욤]처럼 발음합니다.

간단한 러시아어 인사말

Track 02-04

1 안녕하세요!

즈드라스뜨부이쩨
Здравствуйте!

2 안녕!

쁘리비엣
Привет!

3 안녕히 가세요!

다 스비다니야
До свидания!

4 잘 가!

빠까
Пока!

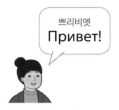

5 좋은 아침입니다.

도브러예 우뜨라
Доброе утро!

6 좋은 하루입니다.

도브리이 졘
Добрый день!

7 고맙습니다.

스빠씨바
Спасибо!

8 천만에요.

빠좔루이스따
Пожалуйста!

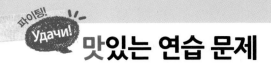

맛있는 연습 문제

1 녹음을 잘 듣고 강세가 들어가는 모음에 ○를 표시해 보세요.

① **самолёт**

② **аэропорт**

③ **красивый**

④ **яблоко**

2 다음 단어를 소리 내어 따라 읽어 보세요.

①

вокзал

②

женщина

③

хлеб

3 녹음을 잘 듣고 빈칸에 알맞은 알파벳을 고르세요.

① **веч(е / и)р**

② **(а / о)втобус**

③ **ве(з / с)на**

④ **м(а / о)локо**

⑤ **с(а / о)бака**

⑥ **ресто(л / р)ан**

러시아어도,
러시아 사람들도 어려워?

러시아에서는 러시아어가 필수!

러시아어는 복잡하고 배우기 어려운 언어로 유명하죠! 우리나라 사람들에게는 문자와 문법, 그리고 발음이 모두 낯설고 어려울 수 있습니다. 하지만 러시아로 한 번쯤 여행을 가고 싶거나, 러시아인과 의사소통이 필요한 경우라면 러시아어를 꼭 배워야겠죠. 특히 러시아를 방문한다면 현지에서는 러시아어 이외의 다른 언어로 원활한 소통을 하기 어렵기 때문에 짧은 여행을 가더라도 기본적인 표현은 외우고 가는 것이 좋습니다.

러시아인이 배우는 외국어

물론 러시아 사람들도 우리나라와 같이 학교에서 외국어를 배웁니다. 그러나 영어를 중점적으로 배우는 우리와 달리, 러시아 학생들은 영어를 비롯해 독일어, 스페인어, 프랑스어 등과 같은 유럽 언어까지 다양하게 배우는 경우가 많죠. 또 러시아 사람들은 영어 교육을 받을 때, 대부분의 경우 영국식 영어를 배웁니다. 여기에 러시아어 특유의 악센트가 붙으면 미국식 영어에 익숙한 우리는 러시아인과 영어로 대화할 때 원활하게 소통하기 어려울 때가 꽤 많답니다.

간단한 한마디로 마음을 열 수 있어요!

러시아를 여행하기 두려운 이유 중 하나로 '러시아 사람들이 냉정하고 무뚝뚝해서'라고 이야기하는 경우가 종종 있습니다. 하지만 직접 현지를 여행하면서 자연스럽게 그들과 소통하다 보면, 따뜻하고 정이 많다는 걸 느낄 수 있습니다. 단지 모르는 사람, 낯선 사람을 대할 때 잘 웃지 않아 불친절해 보일 수 있는 것이죠. 기본적인 러시아어 인사 표현과 일상에서 꼭 필요한 말을 외워 간다면 현지인들을 훨씬 편하게 대할 수 있을 거예요!

DAY 03

인사하기

즈드라스뜨부이쩨
Здравствуйте!
안녕하세요!

◆ 러시아어 모음

А	Е	Ё	И	О	У	Ы	Э	Ю	Я

◆ 러시아어 자음

Б	В	Г	Д	Ж	З	Й	К	Л	М	Н
П	Р	С	Т	Ф	Х	Ц	Ч	Ш	Щ	

스토리 미리 듣기 ● Track 03-01

TODAY 스토리 회화

주현이와 에밀리가 성 이삭 성당 앞에서 만나 인사를 나누고 있습니다.
자신을 소개하는 간단한 말을 배워 볼까요?

TODAY 학습 포인트

✬ 인사말
✬ 국적 표현

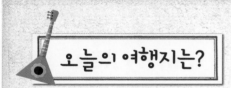

오늘의 여행지는?

성 이삭 성당(Исаакиевский собор)은 상트페테르부르크에 위치한 러시아 정교회의 성당으로, 이 도시에서 가장 유명한 명소 중 한 곳입니다. 성수기에는 상트페테르부르크의 시민들과 더불어 관광객들도 많아 상당히 붐비죠. 고층 건물만큼 높은 높이에, 꼭대기에는 금빛의 웅장한 둥근 지붕이 있어 도시 어디에서나 눈에 들어옵니다. 성당 내부는 아름답고 화려하게 꾸며져 있는데, 성경의 내용을 담은 예술가들의 그림들을 볼 수 있죠. 좁은 계단을 따라 전망대에 올라가면 둥근 기둥을 따라 쭉 돌면서 상트페테르부르크 시내를 한눈에 내려다볼 수 있답니다.

동영상 강의

핵심 문법 TODAY

01
즈드라스뜨부이쩨   미냐   자붓   박   주   현
Здравствуйте, меня зовут Пак Чу Хён.
안녕하세요, 제 이름은 박주현입니다.

02
야   까레예쯔
Я кореец.
저는 한국인입니다.

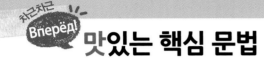

맛있는 핵심 문법

01

Здравствуйте, меня зовут Пак Чу Хён.
즈드라스뜨부이쩨 · 미냐 · 자붓 · 박 · 주 · 현

안녕하세요, 제 이름은 박주현입니다.

✓ 인사말 Здравствуйте

러시아 인사말은 발음이 조금 어렵기 때문에 연습을 많이 해두면 좋습니다. 모음 a에 강세가 있기 때문에 '즈드라~스뜨부이쩨', 이렇게 '라' 부분을 강하고 길게 발음하면 됩니다. 또한 자음이 여러 개 연달아 나오는 부분은 각각의 자음을 짧고 빠르게 발음해야 합니다. 알파벳 в는 묵음입니다.

> 예 **Здравствуйте, меня зовут Эмили.**
> 즈드라스뜨부이쩨 · 미냐 · 자붓 · 에밀리
> 안녕하세요, 제 이름은 에밀리입니다.

단어

здравствуйте
안녕하세요

меня 나를

зовут 부르다[원형 звать]

как 어떻게

вас 당신을

тебя 너를

✓ 이름을 소개할 때 Меня зовут~

이름을 소개할 때 쓰는 표현 Меня зовут~은 직역하면 '사람들이 나를 ~라고 부릅니다'가 됩니다. меня는 '나를', зовут은 '부르다'라는 뜻입니다.

> 예 **Здравствуйте, меня зовут Саша.**
> 즈드라스뜨부이쩨 · 미냐 · 자붓 · 싸샤
> 안녕하세요, 제 이름은 사샤입니다.
>
> **Здравствуйте, меня зовут Бо Рам.**
> 즈드라스뜨부이쩨 · 미냐 · 자붓 · 보 · 람
> 안녕하세요, 제 이름은 보람입니다.

✓ 이름을 물을 때

이름을 물을 때는 '당신을 어떻게 부릅니까?'라는 의미로 Как вас зовут?(당신의 이름은 무엇입니까?)라고 질문하면 됩니다.

> 예 **Как тебя зовут?**
> 깍 · 찌뱌 · 자붓
> 너의 이름은 뭐니?

문화 TIP

Здравствуйте라는 인사말의 뜻은 사실 '건강하세요'입니다. 우리나라에서는 '안녕하세요'라고 말하지만, 러시아에서는 '건강하세요'라고 인사를 건네는 셈인데, 이처럼 인사말에서도 그 나라 사람들이 안부를 물을 때 가장 중요하게 생각하는 점이 드러난답니다.

▶ 제시된 이름을 넣어 다음 |보기|와 같이 연습해 보세요.

|보기| 보 람
Бо Рам

즈드라스뜨부이쩨   미냐   자붓   보   람
→ **Здравствуйте, меня зовут Бо Рам.**

안녕하세요, 제 이름은 보람입니다.

일리야
① **Илья**

→ _____

안녕하세요, 제 이름은 일리야입니다.

윤 아
② **Юн А**

→ _____

안녕하세요, 제 이름은 윤아입니다.

에밀리
③ **Эмили**

→ _____

안녕하세요, 제 이름은 에밀리입니다.

④ 자신의 이름을 넣어 말해 보세요.

→ _____

02

<ruby>Я<rt>야</rt></ruby> <ruby>кореец<rt>까레예쯔</rt></ruby>.

저는 한국인입니다.

✓ 인칭대명사+명사

인칭대명사와 명사만으로 된 문장은 '(인칭대명사)는 (명사)입니다'로 해석합니다.

나	야 Я	우리	믜 МЫ
너	띄 ТЫ	너희들, 당신[존대]	븨 ВЫ
그 / 그녀	온 아나 он / она	그들	아니 ОНИ

🔈 <ruby>Я<rt>야</rt></ruby> <ruby>русский<rt>루스끼</rt></ruby>. 저는 러시아 사람입니다.

<ruby>Она<rt>아나</rt></ruby> <ruby>студентка<rt>스뚜젠뜨까</rt></ruby>. 그녀는 학생입니다.

<ruby>Мы<rt>믜</rt></ruby> <ruby>туристы<rt>뚜리스띄</rt></ruby>. 우리는 여행객입니다.

✓ 국적 표현

뜻	남자	여자	복수
한국인	까레예쯔 кореец	까리얀까 кореянка	까레이쯰 корейцы
러시아인	루스끼 русский	루스까야 русская	루스끼예 русские
미국인	아몌리까녜쯔 американец	아몌리깐까 американка	아몌리깐쯰 американцы
일본인	이뽀녜쯔 японец	이뽄까 японка	이뽄쯰 японцы
중국인	끼따예쯔 китаец	끼따얀까 китаянка	끼따이쯰 китайцы
영국인	앙글리챠닌 англичанин	앙글리챤까 англичанка	앙글리챠녜 англичане

단어

русский 러시아인, 러시아의

студентка 여학생

туристы 여행객들, 관광객들[복수]

 표현 TIP

'너희들(복수)'과 '당신(존대)'의 뜻을 가지고 있는 단어 вы는 존대의 의미로 사용될 때는 반드시 앞 글자(В)를 대문자로 표기합니다. 반면 '너희들'이라는 뜻으로 사용될 때는 맨 앞 글자를 소문자로(в)로 표기합니다. 다만 이 단어가 문장의 맨 앞에 올 경우에는 예외 없이 첫 글자는 대문자로 표기합니다.

 표현 TIP

러시아어 명사의 수
▶ 216쪽 참고

Track 03-05

━ **실력 다지기 2** ━

▶ 제시된 문장을 보고 알맞은 주어를 넣어 문장을 완성해 보세요.

단어

① _____ 스뚜젠뜨 **студент.** (он / она) 온 아나

그는 학생입니다.

② _____ 아메리깐쯰 **американцы.** (я / мы) 야 믜

우리는 미국인입니다.

③ _____ 브라찌야 **братья?** (ты / вы) 띄 븨

당신들은 형제입니까?

студент (남)학생
американцы
미국인들[복수]
братья 형제
он 그
она 그녀
я 나
мы 우리

Track 03-06

━ **실력 다지기 3** ━

▶ 빈칸에 알맞은 단어를 넣어 문장을 완성해 보세요.

단어

① 야 **Я** _____ .

나는 미국인(남자)입니다.

② 아나 **Она** _____ .

그녀는 일본인(여자)입니다.

③ 아니 **Они** _____ .

그들은 영국인(들)입니다.

они 그들
американец
미국인[남자]
японка 일본인[여자]
англичане
영국인들[복수]

맛있는 현지 회화

회화 듣기 ◎ Track 03-07   따라 말하기 ◎ Track 03-08

☀ 주현이와 에밀리가 성 이삭 성당 앞에서 만나 인사를 나누고 있습니다.

주현
즈드라스뜨부이쩨   미냐   자붓   박 주 현
Здравствуйте! Меня зовут Пак Чу Хён.

에밀리
즈드라스뜨부이쩨   미냐   자붓   에밀리
Здравствуйте! Меня зовут Эмили.

주현
야   까레예쯔
Я кореец.

에밀리
야   아메리깐까
Я американка.

◎ Track 03-09

 단어

- **здравствуйте** 즈드라스뜨부이쩨 안녕하세요
- **зовут** 자붓 부르다[원형 звать]
- **кореец** 까레예쯔 한국인[남자]

- **меня** 미냐 나를[1인칭 대격]
- **я** 야 나는[1인칭 주격]
- **американка** 아메리깐까 미국인[여자]

주현   안녕하세요! 제 이름은 박주현이에요.

에밀리   안녕하세요! 제 이름은 에밀리예요.

주현   저는 한국인이에요.

에밀리   저는 미국인이에요.

 맛있는 회화 TIP

인사 한마디도 센스 있게!

러시아어에도 우리말처럼 존댓말과 반말의 개념이 있습니다. 처음 보는 사이나 예의를 갖추어야 할 경우에는 Здравствуйте!라고 인사하지만, 친밀한 사이에서는 Привет!이라고 인사하기도 합니다. 처음 만나는 사람에게는 Здравствуйте!라고 인사하는 게 좋겠죠?

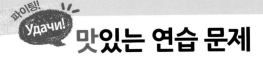

맛있는 연습 문제

Track 03-11

1 녹음을 듣고 보기 에서 알맞은 사진을 고르세요.

보기 A B C

① _____

② _____

③ _____

2 다음 문장의 의미에 맞게 빈칸을 채우세요.

① 안녕하세요! 제 이름은 에밀리입니다.

→ **Здравствуйте!** _____ _____ **Эмили.**

② 그는 러시아인입니다.

→ **Он** _____.

3 다음 빈칸에 알맞은 단어를 쓰세요.

뜻	남자	여자
한국인	**кореец**	
		русская
미국인		**американка**
	японец	**японка**

백야의 도시,
상트페테르부르크의 낭만적인 여름밤

도시야? 박물관이야?

상트페테르부르크는 도시 전체가 하나의 박물관이자 미술관이라고 해도 과언이 아닐 정도로 아름다운 예술의 도시입니다. 도시 전체가 유네스코 세계문화유산으로 등재되어 있기도 하죠. 이곳의 겨울은 시베리아와 같은 러시아 다른 지역의 혹독한 추위에 비해서는 비교적 덜 춥고 여름은 시원한 편이기 때문에 관광하기에도 좋죠. 특히 여름에는 백야를 보기 위해 많은 관광객이 상트페테르부르크를 방문한답니다.

백야를 잡아라!

페테르부르크에서 백야를 보기에는 6월 말쯤이 가장 좋습니다. 백야는 러시아어로 **белые ночи**라고 하는데, 밤 11시 정도가 되어서야 해가 서서히 지기 시작했다가 새벽 2시쯤 다시 뜨죠. 긴 겨울을 보낸 페테르부르크의 시민들은 거리로 나와 늦은 시간까지 카페에 앉아 이야기를 나누거나 산책을 하면서 이 시기를 즐긴답니다.

다리가 열린다고요?

백야 시기에 맞춰 다양한 축제와 행사가 진행되는데, 배 위에 앉아서 도시를 둘러싼 강을 따라 아름다운 페테르부르크의 모습을 둘러볼 수 있는 보트 투어도 인기가 많습니다. 특히 야간 보트 투어에 참가하면 뱃길을 따라 큰 배가 이동할 수 있도록 다리(도개교)가 열리는 장관을 바로 앞에서 볼 수도 있습니다. 아름답고 낭만적인 페테르부르크의 여름 축제에 참여해 보는 건 어떨까요?

이즈비니쩨   그졔   나호짓짜   에르미따쥐

Извините, где находится Эрмитаж?

실례합니다, 예르미타시가 어디에 있나요?

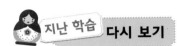 **지난 학습** 다시 보기

즈드라스뜨부이쩨   미냐   자붓   박 주 현

◆ **Здравствуйте, меня зовут Пак Чу Хён.**

안녕하세요, 제 이름은 박주현입니다.

> 자신을 소개할 때에는 「Меня зовут+이름」 형식으로 말해요.

야   까레예쯔

◆ **Я кореец.**

저는 한국인입니다.

> '나'는 я, '너'는 ты, '그/그녀'는 он/она예요.

스토리 미리 듣기 Track 04-01

TODAY
스토리 회화

주현이와 에밀리가 예르미타시를 찾아가고 있습니다.
길을 물어보는 표현을 알아볼까요?

TODAY
학습 포인트

✿ 장소를 묻는 표현
✿ 명사의 성

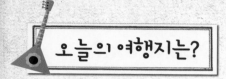
오늘의 여행지는?

예르미타시는 건물 규모나 보유한 예술품의 개수에서 세계적인 수준의 유명한 박물관이자 미술관입니다. 소 예르미타시(Малый Эрмитаж), 구 예르미타시(Старый Эрмитаж), 신 예르미타시(Новый Эрмитаж), 겨울 궁전(Зимний дворец) 등 여러 개의 아름다운 건물로 이루어져 있습니다. 300만 점이 넘는 방대한 유물이 전시돼 있어, 작품 한 점당 1분씩만 보더라도 5년 이상의 시간이 걸린다고 해요. 매주 월요일은 휴무이고, 매달 세 번째 목요일에는 무료 입장이 가능하다고 하니, 여행하실 때 참고하세요.

핵심 문법

TODAY

동영상 강의

03

이즈비니쩨   그졔   나호짓짜   에르미따쥐

Извините, где находится Эрмитаж?
실례합니다, 예르미타시가 어디에 있나요?

04

봇   에따   즈다니예

Вот это здание.
바로 이 건물입니다.

맛있는 핵심 문법

Track 04-02

03

이즈비니쩨   그졔   나호짓짜   에르미따쥐

Извините, где находится Эрмитаж?

실례합니다, 예르미타시가 어디에 있나요?

✓ 장소를 묻는 표현 **Где находится~**

где는 '어디에'라는 뜻의 의문사이고, **находится**는 '~에 위치하다'라는 뜻의 동사입니다. 따라서 **где находится**라는 표현 뒤에 가고 싶은 장소를 넣어 질문하면 '~가 어디에 있나요?'라는 뜻이 됩니다.

 A 이즈비니쩨   그졔   나호짓짜   이싸끼예브스키   싸보르
Извините, где находится Исаакиевский собор?
실례합니다, 성 이삭 성당이 어디에 있나요?

    이싸끼예브스키   싸보르   나호짓짜   즈졔시
B Исаакиевский собор находится здесь.
여기가 성 이삭 성당입니다.

    이즈비니쩨   그졔   나호짓짜   뚜알렛
A Извините, где находится туалет?
실례합니다, 화장실이 어디에 있나요?

    뚜알렛   나호짓짜   땀
B Туалет находится там!
화장실은 저쪽입니다.

    이즈비니쩨   그졔   나호짓짜   미뜨로
A Извините, где находится метро?
실례합니다, 지하철(역)이 어디에 있나요?

    미뜨로   나호짓짜   니달리꼬
B Метро находится недалеко.
지하철(역)은 멀지 않습니다.

단어

извините 실례합니다

где 어디에

находится ~에 위치하다[원형 **находиться**]

собор 성당, 사원

здесь 여기에

туалет 화장실

там 저기에

метро 지하철

недалеко 멀지 않은 곳에, 주변에

🔋🔋 표현 TIP

앞서 **Здравствуйте** 라는 인사말을 배웠습니다. 하지만 여행 중 길을 물어보거나 부탁할 때는 낯선 사람에게 말을 걸어야 하죠. 이런 경우에는 '안녕하세요'보다 '실례합니다'라는 뜻의 **Извините**로 대화를 시작하는 것도 좋습니다.

▶ 다음 |보기|와 같이 각각의 장소가 어디에 있는지 질문을 만들어 보세요.

|보기|

에르미따쥐
Эрмитаж

이즈비니쩨　그졔　나호짓쨔　에르미따쥐
→ **Извините, где находится Эрмитаж?**

실례합니다, 예르미타시가 어디에 있나요?

단어

выход 출구[вход 입구]

банкомат
현금 입출금기, ATM

магазин 상점, 슈퍼

гостиница 호텔

비허드
① **выход**

→ _____

실례합니다, 출구가 어디에 있나요?

방까마트
② **банкомат**

→ _____

실례합니다, ATM은 어디에 있나요?

마가진
③ **магазин**

→ _____

실례합니다, 상점이 어디에 있나요?

가스찌니짜
④ **гостиница**

→ _____

실례합니다, 호텔이 어디에 있나요?

04

봇 에따 즈다니예
Вот это здание.

바로 이 건물입니다.

✓ 명사의 성

앞서 배운 대로 러시아어 명사에는 성이 존재하는데 남성 명사, 여성 명사, 중성 명사 세 가지가 있습니다. 대부분의 경우, 단어의 마지막 알파벳이 자음으로 끝나면 남성 명사, -а, -я로 끝나면 여성 명사, -о, -е로 끝나면 중성 명사로 분류됩니다.

예
- 남성 명사 : 뚜리스트 **турист** 관광객   비허드 **выход** 출구
- 여성 명사 : 스뚜젠뜨까 **студентка** 여학생   스딴찌야 **станция** 역, 정거장
- 중성 명사 : 즈다니예 **здание** 건물   블류다 **блюдо** 요리

✓ 지시대명사

지시대명사도 역시 성이 존재합니다. 지시대명사 뒤에 오는 명사의 성에 따라 지시대명사의 성도 일치시켜 써야 합니다.

뜻	남성	여성	중성
이	에떳 **ЭТОТ**	에따 **эта**	에따 **это**
저(그)	똣 **ТОТ**	따 **та**	또 **то**

예
- 남성 : 에떳 뚜리스트 **ЭТОТ турист** 이 관광객   똣 비허드 **ТОТ выход** 저 출구
- 여성 : 에따 스뚜젠뜨까 **эта студентка** 이 여학생   따 스딴찌야 **та станция** 저 정거장
- 중성 : 에따 즈다니예 **это здание** 이 건물   또 블류다 **то блюдо** 그 요리

단어

- **вот** 바로[강조]
- **здание** 건물
- **турист** 여행객, 관광객
- **выход** 출구
- **студентка** 여학생
- **станция** 역, 정거장
- **блюдо** 요리, 음식

 표현 TIP

러시아어 단어 중에는 간혹 형태와 다른 성을 가지는 예외가 있습니다. '커피'라는 뜻의 кофе는 -е로 끝나는 단어이지만 중성 명사가 아닌 남성 명사입니다. -ь로 끝나는 단어에는 여성 명사도 남성 명사도 있으므로 주의하세요.

 표현 TIP

это와 эта는 철자는 다르지만 발음은 거의 같게 들립니다. 두 단어 모두 첫 알파벳 э에 강세가 있기 때문에 뒤에 따라오는 모음을 약하게 발음합니다.

━ 실력 다지기 2 ━

▶ 제시된 지시대명사와 명사를 하나씩 골라 주어진 뜻에 맞게 써보세요.

지시대명사
에떳 **ЭТОТ**
똣 **ТОТ**
에따 **ЭТА**
따 **ТА**
에따 **ЭТО**
또 **ТО**

명사
까폐 **кафе**
아크노 **окно**
울리짜 **улица**
돔 **дом**
빌롓 *билет*
제부쉬까 **девушка**

① 이 길 → _____

② 저 집 → _____

③ 저 아가씨 → _____

④ 저 카페 → _____

⑤ 이 창문 → _____

⑥ 이 티켓 → _____

단어

кафе 카페

окно 창문

улица 길, 거리

дом 집

билет 티켓, 표

девушка 아가씨

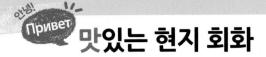

맛있는 현지 회화

회화 듣기 Track 04-06   따라 말하기  Track 04-07

☼ 주현이와 에밀리가 예르미타시를 찾아가고 있습니다.

주현
_{이즈비니쩨}   _{그졔}   _{나호짓쨔}   _{에르미따쥐}
Извините, где находится Эрмитаж?

행인
_{에르미따쥐}   _봇   _{에따}   _{즈다니예}
Эрмитаж? Вот это здание.

주현
_{스빠씨바}
Спасибо!

행인
_녜   _자   _{쉬또}
Не за что!

 Track 04-08

단어

- **извините** 이즈비니쩨 실례합니다
- **где** 그졔 어디에
- **находится** 나호짓쨔 ~에 위치하다[원형 **находиться**]
- **вот** 봇 바로[강조]
- **это** 에따 이, 이것
- **здание** 즈다니예 건물
- **спасибо** 스빠씨바 고맙습니다, 감사합니다
- **не за что** 녜 자 쉬또 별말씀을요, 천만에요

주현   실례합니다, 예르미타시가 어디에 있나요?

행인   예르미타시요? 바로 이 건물입니다.

주현   고맙습니다.

행인   별말씀을요.

 맛있는 회화 TIP

도움을 받았을 땐 미소와 함께 'Спасибо!'

여행지에서 현지인의 도움을 받았을 때 Спасибо!(고맙습니다)라고 인사하면 됩니다. 반대로 Спасибо!
라는 인사를 들었을 때도 그냥 지나치지 말고 꼭 Пожалуйста! 혹은 Не за что!(별말씀을요, 천만에요)라
고 대답하는 것이 좋습니다.

맛있는 연습 문제

1 다음 문장의 의미에 맞게 빈칸을 채우세요.

① 실례합니다, 출구가 어디에 있나요?

→ **Извините, _____ _____ выход?**

> ***힌트**
> • выход 출구
> • станция 역, 정거장

② 실례합니다, 정거장이 어디에 있나요?

→ **_____, _____ находится станция?**

2 제시된 뜻에 알맞은 지시대명사를 쓰세요.

① 이 아가씨 → **_____ девушка**

② 저 ATM → **_____ банкомат**

③ 이 티켓 → **_____ билет**

> ***힌트**
> кофе는 중성 명사의 형태를 갖고 있지만 남성 명사입니다.

④ 그 커피 → **_____ кофе**

⑤ 저 여학생 → **_____ студентка**

Track 04-10

3 녹음을 듣고 빈칸을 완성하세요.

A **Извините, где находится _____?**

B **Магазин? Вот _____ здание.**

A **_____!**

B **Не за что!**

러시아어의
과거와 현재

Азъ	Буки	Вѣди	Глаголь	Добро	Есть	Живѣте	Зѣло	Земля	Иже	I
Како	Люди	Мыслѣте	Нашъ	Онъ	Покой	Рцы	Слово	Твердо	Укъ
У	Фертъ	Хѣръ	Отъ	Цы	Червь	Ша	Ща	Еръ	Еры	Ерь
Ять	Ю	Юсь	О	Я	Я	Кси	Пси	Ѳита	Ижица

러시아의 세종대왕?

세종대왕이 한글을 만들었듯, 러시아어 알파벳을 만든 인물도 역사에 기록되어 있습니다. 바로 키릴-메포디 형제 (Кирилл и Мефодий)인데요, 그래서 러시아어 알파벳을 '키릴 문자'라고 한답니다. 블라디보스토크 전망대에 가면 이들의 동상을 볼 수 있습니다.

서민들만 쓰던 러시아어

키릴 문자가 만들어진 시기는 9세기 말입니다. 처음에는 성경이나 종교와 관련된 책을 번역하기 위해 만들어졌기 때문에 수도원에서 주로 쓰였습니다. 일반 대중은 대부분 글자를 읽거나 쓸 줄 몰랐고, 이런 현상은 중세기까지 이어졌습니다. 16세기 말 17세기 초 표트르 대제(Пётр Первый)가 많은 개혁을 시행했는데, 유럽과 친선 관계를 형성하려는 노력으로 직접 유럽을 방문해 유럽식 생활 방식과 기술 등을 들여왔죠.

러시아어의 공용화

볼셰비키(Большевики) 측은 1917년 혁명 이후 사회주의를 추구하는 소련의 성립을 선언하면서, 그 안에 포함된 모든 국가에서 러시아어를 공용화시켰습니다. 이러한 정책의 영향으로 1991년 소련의 붕괴 이후에도 카자흐스탄이나 우즈베키스탄과 같은 구 소련 국가에는 러시아어를 구사하는 사람이 상당히 많습니다.

첫째 주 다시 보기 DAY 01-04

DAY 01

모음(10개)

А а	Е е	Ё ё	И и	О о
У у	Ы ы	Э э	Ю ю	Я я

① 러시아어의 모음은 강세에 따라 발음이 다양하게 달라지므로 강세에 유의해야 해요.

② Е는 강세가 있으면 [예]로 발음하고, 강세 앞에서는 [이]로 발음해요.

③ О는 강세가 있으면 [오]로 발음하고, 강세 앞에서는 [아]로 발음해요.

④ Я는 [야]로 발음해요. 강세 앞에서는 간혹 [이]로 발음하기도 해요.

자음(21개)

Б б	В в	Г г	Д д	Ж ж	З з
Й й	К к	Л л	М м	Н н	П п
Р р	С с	Т т	Ф ф	Х х	Ц ц
Ч ч	Ш ш	Щ щ			

① Ж는 유성음으로 [ㅈ]에 가까운 발음이지만 우리말에는 없는 발음이에요.

② Р는 유성음으로 [ㄹ]과 비슷하며 혀를 입천장에 가볍게 부딪히며 진동하면서 발음해요.

③ В, Н, Р, С, Х, И, Я는 영어 알파벳과 혼동하지 않도록 주의하세요.

DAY 02

러시아어의 강세와 성(性)

① 강세가 있는 모음은 길고 강하고 또렷하게 발음해요. 예 паспорт 빠스뽀르트 여권

② 강세를 받지 않는 모음은 가볍고 짧게 읽으며, 원래의 소리보다 약하게 발음해요. 예 паспорт 빠스뽀르트 여권

③ 러시아어 명사에는 성(性)의 개념이 존재해요.

   • 남성 명사 : -자음   • 여성 명사 : -а/-я   • 중성 명사 : -о/-е

Удачи!

1 녹음을 잘 듣고 빈칸에 알맞은 알파벳을 써보세요.

Track 05-01

① би＿＿＿ет

② ва＿＿＿а

③ ово＿＿＿и

④ кремл＿＿＿

2 녹음을 잘 듣고 강세가 들어가는 모음에 ○를 표시해 보세요.

Track 05-02

① метро

② гостиница

③ сигареты

④ трамвай

3 녹음을 잘 듣고 빈칸에 알맞은 알파벳을 고르세요.

Track 05-03

① ос(е / и)нь

② девушк(а / о)

③ ресто(р / л)ан

④ Влади(в / б)осток

4 다음 단어를 소리 내어 따라 읽어 보세요.

Track 05-04

①
магазин

②
деньги

③
телефон

DAY 03

핵심 문법
01

이름 말하기

즈드라스뜨부이쩨　　미냐　자붓　박　주　현
Здравствуйте, меня зовут Пак Чу Хён.

안녕하세요, 제 이름은 **박주현**입니다.

└ 자신을 소개할 때에는 「Меня зовут+이름」 형식으로 말해요.

핵심 문법
02

국적 말하기

야　　까레예쯔
Я кореец.

저는 한국인입니다.

└ '나'는 я, '너'는 ты, '그/그녀'는 он/она예요.

DAY 04

핵심 문법
03

길 묻기

이즈비니쩨　그졔　나호짓쨔　에르미따쥐
Извините, где находится Эрмитаж?

실례합니다, 예르미타시가 어디에 있나요?

└ 장소를 물을 때는 「Где+находится+장소?」 형식을 사용해요.

핵심 문법
04

'이/그/저' 표현

봇　에따　즈다니예
Вот это здание.

바로 이 건물입니다.

└ 지시대명사 '이'는 этот/эта/это, '저(그)'는 тот/та/то예요.

Удачи!

1 다음 문장의 의미에 맞게 빈칸을 채우세요.

① 그녀는 미국인입니다. ▷ _____ американка.

② 그는 중국인입니다. ▷ **Он** _____ **.**

③ 나는 한국인입니다. ▷ _____ **.**

2 제시된 단어를 순서대로 배열하여 문장을 만드세요.

① **зовут / меня / Эмили**

▷ _____

② **выход / извините / находится / где**

▷ _____

③ **находится / собор / там**

▷ _____

3 다음 문장을 바르게 고쳐 보세요.

① **Этот девушка.**

▷ _____

② **Та поезд.**

▷ _____

③ **Она китаец.**

▷ _____

④ **Я зовут Чу Хён!**

▷ _____

RUSSIA

✿우리만 알고 있는 러시아 이야기

문화 예술인

📷 발레 음악의 대가 차이콥스키

러시아의 작곡가 하면 가장 먼저 떠오르는 사람이 바로 차이콥스키
죠. 차이콥스키는 우리에게도 익숙할 뿐만 아니라 세계적으로 사랑
받는 작품을 많이 썼습니다. 특히 발레 음악의 대가답게 「백조의 호
수」, 「잠자는 숲속의 미녀」, 「호두까기 인형」과 같이 전 세계에서 가
장 많이 공연되는 작품들을 탄생시켰습니다. 수많은 아름다운 멜로
디를 써낸 그는 어릴 때부터 음악에 재능이 있었지만 의외로 법을 공
부해 젊은 시절 법률 공무원으로 근무했습니다. 이후 음악 공부를 체
계적으로 하기 시작하면서 음악인으로서의 길을 걷게 되었죠. 한때
그의 음악에 대한 평가는 엇갈리기도 했습니다. 대중적이라고 평가 절

하를 당하기도 했고, 러시아에서는 민족주의적인 경향이 부족하다고 비판을 받기도 했죠.
하지만 오늘날 차이콥스키의 음악은 듣기 좋고 이해하기 쉬우면서도 깊은 울림을 가진 것으로
평가받으면서 큰 사랑을 얻고 있습니다.

📷 다양한 예술적 프리즘을 지닌 화가 샤갈

마르크 샤갈은 표현주의를 대표하는 화가로서 풍부한 색채의 작품을 많이 탄생시켜 '색
채의 마술사'라고 불리기도 합니다. 어린 시절에 고향 러시아에서 경험했던 민속적인 주제
들을 작품에 담았으며 동시에 유태인 성서로부터도 영감을 많이 받았다고 합니다.
샤갈의 그림에는 지방 마을의 풍속과 꽃, 연인이 자주 등장하는데 낭만적이고 환상적인
분위기를 자아내는 작품이 많습니다.

샤갈은 러시아에서 태어났지만 성인이 되고 대부분의 시간을 프랑스에서 보냈습니다. 프랑스의 도시 니스에는 '샤갈 미술관'이 있답니다. 그는 회화뿐만 아니라 판화, 도자기, 스테인드글라스 등 다양한 작품들을 제작했습니다. 일부 비평가들은 샤갈이 너무 다양한 분야에 도전하는 바람에 한 분야에 대한 예술적 깊이가 충분히 깊어지지 못했다고 평가하기도 합니다. 하지만 그 덕에 우리는 샤갈의 예술적 감각을 다양한 형태로 만날 수 있는 것이죠.

📷 인생도 소설처럼, 도스토옙스키

톨스토이와 함께 러시아를 대표하는 세계적인 문호로 손꼽히는 도스토옙스키는 19세기 정치적, 사회적으로 불안한 분위기에서 흔들리는 인간 내면의 심리를 그려 낸 작품들로 유명합니다. 대표작으로는 『죄와 벌』, 『카라마조프가의 형제들』, 『백치』, 『악령』 등이 있습니다. 그의 작품들을 보면 극도로 세밀한 심리 묘사가 눈에 띈답니다. 우리나라에도 번역되어 출간된 책들이 많으니 한번 읽어 보는 건 어떨까요?
도스토옙스키는 당대와 후세에 큰 영향을 미쳤고, 위대한 작가이자 사상가라는 평가를 받고 있습니다. 그는 자신이 쓴 소설 속 인물들만큼이나 극적인 인생을 살았는데, 이 때문인지 도스토옙스키는 작품뿐만 아니라 그의 파란만장한 삶에 대한 이야기로도 많이 회자된답니다.

현지에서 한마디!

좋아하는 작가를 만나면 웃으며 말해요!

야　　바쉬　　발쇼이　　　빠끌로닉
Я ваш большой поклонник!
나는 당신의 팬이에요!

WEEK 02
DAY 06-10

지금 모스크바를 만나러 가자!

이번 주에는?

음식을 주문하고 가격을 물어볼 수 있어요.

모스크바

러시아의 수도 모스크바를 여행해요.

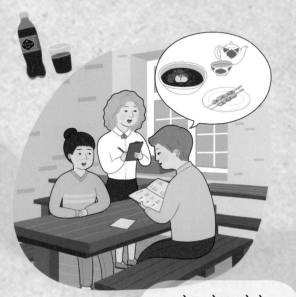

DAY 07 — **붉은 광장**

멋진 장소에서 소감을 표현할 수 있어요.

DAY 06 — **아르바트 거리**

러시아의 맛있는 음식을 주문할 수 있어요.

DAY 08

모스크바 지하철역

자신의 희망을
표현할 수 있어요.

DAY 09

이즈마일롭스키 시장

가격 묻기 등 쇼핑할 때
필요한 표현을 익혀요.

DAY 10

둘째 주 DAY 06~09 복습

DAY 06~09의 주요 학습 내용을 복습하고,
다양한 문제로 자신의 실력을 체크해 보세요.

러시아 문화

러시아에서 카페나 식당을 이용할 때 우리와
다른 러시아 문화를 알 수 있어요.

다이쩨　　미뉴　　빠좔루이스따

Дайте меню, пожалуйста!
메뉴판 좀 주세요!

 지난 학습 다시 보기

이즈비니쩨　　그졔　　나호짓쨔　　에르미따쥐

◆ **Извините, где находится Эрмитаж?**

실례합니다, 예르미타시가 어디에 있나요?

> 장소를 물을 때는 「Где+находится+장소?」 형식을 사용해요.

봇　　에따　　즈다니예

◆ **Вот это здание.**

바로 이 건물입니다.

> 지시대명사 '이'는 этот/эта/это, '저(그)'는 тот/та/то예요.

스토리 미리 듣기 **Track 06-01**

TODAY
스토리 회화

사샤와 보람이가 아르바트 거리에 있는 한 음식점에 갔어요.
어떻게 음식을 주문하는지 함께 알아볼까요?

TODAY
학습 포인트

✿ **пожалуйста**의 다양한 용법
✿ 숫자 표현 1~10

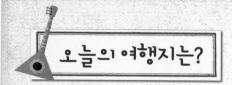

Post Card

아르바트(Арбат) 거리는 모스크바의 대표적인 번화가로, 주요 관광지와 연결되는 필수 관광 코스 중 하나입니다. 많은 상점과 음식점이 모여 있어 늘 관광객으로 북적이며 가격도 다른 지역에 비해 비싼 편이죠. 예술적 가치가 높고 역사적 의미가 깊은 건물들이 많아 특별한 정취를 느낄 수 있습니다. 블라디보스토크에도 아르바트 거리가 있는데요, 처음에는 모스크바에만 있던 거리 이름이었지만, 점점 다른 도시에서도 도시의 중심 거리를 '아르바트'라고 부르면서 여러 개의 아르바트 거리가 생겨났습니다.

TODAY

핵심 문법

동영상 강의

05

다이쩨　미뉴　　빠좔루이스따
Дайте меню, пожалуйста!
메뉴판 좀 주세요!

06

아진　보르쉬　드바　샤슬릐까　이　아진　챠이
Один борщ, два шашлыка и один чай,
빠좔루이스따
пожалуйста!
보르시 하나, 샤슬릭 둘, 차 한 잔 주세요!

🎧 Track 06-02

05

다이쩨 미뉴 빠좔루이스따
Дайте меню, пожалуйста!

메뉴판 좀 주세요!

✓ 주문할 때 동사 дать

식당에서 음식을 주문할 때는 '주다'라는 뜻의 동사 **дать**를 활용해 「Дайте ~ (~을 주세요)」 형식을 쓸 수 있습니다. 여기에 **пожалуйста**를 덧붙이면 보다 더 공손한 표현이 됩니다.

다이쩨 빌렛 빠좔루이스따
예 Дайте билет, пожалуйста!
티켓을 주세요.

이즈비니쩨 다이쩨 끌류치 빠좔루이스따
Извините, дайте ключ, пожалуйста!
실례합니다. 열쇠 좀 주세요.

✓ пожалуйста의 용법

사전을 찾아보면 **пожалуйста**는 영어의 'please'에 해당하는 뜻이라고 나와 있습니다. 그러나 실제로 러시아 사람들은 이 단어를 훨씬 더 다양한 문맥과 상황에서 사용합니다. 예를 들어, 부탁할 때, 상대방이 고마움을 표현했을 때의 대답으로, 혹은 물건을 건네줄 때 등 여러 가지 상황에서 자연스럽게 사용하면 됩니다.

발쇼예 스빠씨바 자 뽀머쉬
예 A Большое спасибо за помощь!
도와 주셔서 정말 감사합니다.

빠좔루이스따
B Пожалуйста!
별말씀을요. [고마움에 대한 대답]

빠좔루이스따 바샤 스다챠
Пожалуйста, ваша сдача.
자, 거스름돈 여기 있습니다. [물건을 건네줄 때]

단어

дайте 주세요[원형 дать]

меню 메뉴(판)

пожалуйста 정중함의 표현

билет 티켓, 표

ключ 열쇠

большое спасибо 정말 감사합니다

за ~에 대해서

помощь 도움

ваша 당신의

сдача 거스름돈

☕ 문화 TIP

식당에서 종업원을 부를 때 종업원이 남자라면 Молодой человек!, 여자라면 Девушка!라고 하면 됩니다.

▶ 제시된 단어를 넣어 다음 |보기|와 같이 연습해 보세요.

|보기|

빠스뽀르트
паспорт

다이쩨　　빠스뽀르트　　　빠좔루이스따
→ **Дайте паспорт, пожалуйста!**

여권 좀 주세요!

단어

паспорт 여권

гамбургер 햄버거

кофе 커피

нож 칼, 나이프

счёт 영수증

감부르게르
① **гамбургер**

→ _____

햄버거 좀 주세요!

꼬폐
② **кофе**

→ _____

커피 좀 주세요!

노쉬
③ **нож**

→ _____

나이프 좀 주세요!

쇼트
④ **счёт**

→ _____

영수증 좀 주세요!

06
아진 보르쉬 드바 샤슬릐까 이 아진 챠이
Один борщ, два шашлыка и один чай,
빠좔루이스따
пожалуйста!

보르시 하나, 샤슬릭 둘, 차 한 잔 주세요!

✓ 숫자 표현 1~10

1. 하나	2. 둘	3. 셋	4. 넷	5. 다섯
아진 **один**	드바 **два**	뜨리 **три**	취띄례 **четыре**	빠찌 **пять**
6. 여섯	7. 일곱	8. 여덟	9. 아홉	10. 열
쉐스찌 **шесть**	쎔 **семь**	보씸 **восемь**	제비찌 **девять**	제시찌 **десять**

단어

борщ 보르시

шашлык 샤슬릭[꼬치
요리]

и ~와/과, ~도

чай 차

ложка 숟가락

блин 블린[러시아식
팬케이크]

салат 샐러드

каша 죽

✓ 기수사+명사 : ~개의 명사

음식을 시킬 때는 주문하고자 하는 음식을 나열한 후 **пожалуйста**를 붙이
면 됩니다. 러시아어는 물건을 셀 때 두 개 이상일 경우 명사의 형태가 변합
니다. 예를 들어, **шашлык**과 같은 남성 명사의 경우, 끝에 -**а**, -**я**를 붙이고,
ложка와 같은 여성 명사의 경우 -**а**를 빼고 -**и**, -**ы**를 붙입니다. 중성 명사는
남성 명사와 같은 형태로 변합니다.

예
뜨리 블리나 빠좔루이스따
Три блина, пожалуйста! 블린 세 개 주세요.

취띄례 쌀라따 빠좔루이스따
Четыре салата, пожалуйста! 샐러드 네 접시 주세요.

이 드베 까쉬 빠좔루이스따
И две каши, пожалуйста! 그리고 죽 두 그릇 주세요.

러시아어에서 명사의 개수를 표현하는 수사 중 '하나'와 '둘'을 나타내는 말
은 뒤에 오는 명사에 따라 성이 변합니다. '하나'를 나타내는 단어인 **один**
은 뒤에 여성 명사가 오면 **одна**로, 중성 명사가 오면 **одно**로 변합니다.
'둘'을 나타내는 표현 **два**는 남성과 중성 명사 앞에 붙고, 여성 명사 앞에는
две가 옵니다.

문화 TIP

러시아 음식 중에 **сало**
(돼지비계), **квас**(발효 음
료), **укроп**(요리에 자주
추가되는 향신료)과 같은
음식은 먹는 사람의 취향
에 따라 평가가 크게 갈린
답니다. 한번 도전해 보
세요!

Track 06-05

실력 다지기 2

▶ 제시된 단어를 활용하여 다음 |보기|와 같이 연습해 보세요.

|보기|

블린

뜨리   블리나   빠좔루이스따
→ **Три блина, пожалуйста!**

블린 세 개 주세요.

단어

кофе 커피

торт 케이크

картошка фри
감자튀김

из ~로 만들어진

курица 닭고기

чай 차

①

кофе / торт

→ _____

케이크 하나 커피 두 잔 주세요.

②

картошка фри

→ _____

감자튀김 세 개 주세요.

③

салат из курицы / чай

→ _____

닭고기(치킨) 샐러드 하나와 차 두 잔 주세요.

맛있는 현지 회화

회화 듣기 ◎ Track 06-06　따라 말하기 ◎ Track 06-07

☀ 사샤와 보람이가 아르바트 거리의 한 유명한 식당에서 음식을 주문하고 있습니다.

사샤
다이쩨　미뉴　빠좔루이스따
Дайте меню, пожалуйста!

종업원
빠좔루이스따
Пожалуйста.

사샤
아진　보르쉬　드바　샤슬릐까　이　아진　차이
Один борщ, два шашлыка и один чай,
빠좔루이스따
пожалуйста!

종업원
하라쇼　스빠씨바
Хорошо, спасибо.

 단어 ─────────────────────────────── ◎ Track 06-08

- **дайте** 주세요[원형 **дать**]
- **один** 하나, 한 개
- **шашлык** 샤슬릭[꼬치 요리]
- **хорошо** 좋아요[긍정의 대답]

- **меню** 메뉴(판)
- **два** 둘, 두 개
- **чай** 차

- **пожалуйста** 정중함의 표현
- **борщ** 보르시
- **и** ~와/과, ~도

사샤   메뉴판 좀 주세요!

종업원   여기 있습니다.

사샤   보르시 하나, 샤슬릭 둘, 차 한 잔 주세요!

종업원   알겠습니다. 감사합니다.

🫐 맛있는 회화 TIP

인생 음식을 만났을 때 Очень вкусно!

음식을 먹고 나서 맛있었다고 이야기할 때 Очень вкусно!(너무 맛있어요!, 잘 먹었어요!)라는 표현을 쓸 수 있습니다. 특히 식당 외에도 누군가의 집에 초대받아 음식을 대접받았을 경우에도 이런 표현을 하는 것이 좋습니다.

＊맛 표현

달다	쓰다	싱겁다	맵다
슬라드까	고리까	쁘레스나	오스뜨라
сладко	**горько**	**пресно**	**остро**

맛있는 연습 문제

Track 06-10

1 녹음을 듣고 단어와 사진이 일치하면 ○, 일치하지 않으면 ×를 표시하세요.

①

②

③

2 다음 빈칸에 들어갈 알맞은 표현을 고르세요.

| 보기 | шесть - ( ) - восемь - ( ) - десять |

① два, девять

② семь, девять

③ семь, пять

3 다음 문장의 의미에 맞게 빈칸을 채우세요.

① 메뉴판 좀 주세요!

→ _____ меню, пожалуйста!

② 소고기 샤슬릭 하나, 커피 두 잔 주세요.

→ Дайте _____ шашлык из говядины и _____ кофе, пожалуйста.

*힌트

• говядина 소고기

러시아에 가면 뭘 먹을까?

러시아의 대표 음식

борщ

보르시는 빨간 무(비트)를 넣고 끓이는 러시아식 국으로 주로 배추나 감자가 많이 들어가요.

блин

블린은 러시아식 팬케이크로 바나나, 초콜릿, 연어, 생크림, 잼 등 원하는 토핑을 골라 먹는 재미가 있어요.

우리의 입맛에 맞는 음식

шашлык

샤슐릭은 러시아식 꼬치 요리로 고기류를 즐겨 먹는 우리의 입맛에 잘 맞는 음식이에요. 여러 가지 고기와 소스가 있답니다.

пельмени

펠메니는 러시아식 만두로 여러 재료를 다져서 넣는 우리나라 만두와는 달리, 주로 고기만 들어가요. 크기도 작아서 한입에 쏙 먹기 좋아요!

특이한 음식

квас

크바스는 러시아 사람들이 여름철에 즐겨 마시는 발효 음료로 호밀과 보리를 발효시켜 만드는데, 그 맛은 말로 설명하기가 참 어렵답니다. 러시아에 가신다면 직접 한번 마셔 보세요!

сало

살로는 돼지고기 비계를 소금에 절인 음식으로 삼겹살이나 소고기를 주로 먹는 우리에게는 비계만 따로 먹는 살로가 낯설 수 있지만 보드카를 마실 때 곁들이면 아주 잘 어울려요!

소감 표현하기

에따   끄라스나야   쁠로샤지

Это Красная площадь.
여기는 붉은 광장입니다.

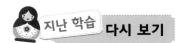 **지난 학습 다시 보기**

◆ 다이쩨   미뉴   빠좔루이스따
   Дайте меню, пожалуйста!   ⟶   '~을 주세요'라는 표현은 「Дайте~,
   메뉴판 좀 주세요!   пожалуйста」예요.

◆ 아진   보르쉬   드바   샤슬리까   이   아진   챠이   빠좔루이스따
   Один борщ, два шашлыка и один чай, пожалуйста!
   보르시 하나, 샤슬릭 둘, 차 한 잔 주세요!

                                       ⟶   러시아어로 '하나'는 один,
                                            '둘'은 два예요.

스토리 미리 듣기 **Track 07-01**

TODAY 스토리 회화
보람이와 사샤가 모스크바 붉은 광장에 함께 왔습니다.
자신의 소감을 표현하는 말을 알아볼까요?

TODAY 학습 포인트
★ 평서문의 주어 **это**
★ 형용사의 성
★ 감탄문

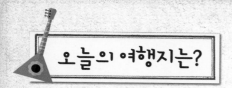

오늘의 여행지는?

Post Card.

붉은 광장(Красная площадь)은 모스크바 시내 중심에 위치해 있어 '모스크바의 심장'이라고 불립니다. '붉은 광장'이라는 이름의 유래는 '아름다운 광장'인데, '붉다'는 뜻의 Красная라는 형용사가 예전에는 '아름답다'는 뜻도 지니고 있었기 때문이랍니다. 겨울에는 스케이트장이 되기도 하고, 여름에는 시장도 열려 모스크바 시민뿐만 아니라 많은 관광객들로 붐비죠. 주변에 크렘린 궁전, 성 바실리 성당, 굼 백화점, 볼쇼이 극장 등 많은 명소가 모여 있습니다.

동영상 강의

TODAY
핵심 문법

07

에따　　꼬라스나야　　　　쁠로샤지
Это Красная площадь.
여기는 붉은 광장입니다.

08

까까야　　　　꼬라씨바야
Какая красивая!
정말 아름답네요!

맛있는 핵심 문법

07

에따 · 끄라스나야 · 쁠로샤지

Это Красная площадь.

여기는 붉은 광장입니다.

✓ 평서문의 주어 это

평서문의 주어로 쓰이는 **это**는 앞서 배운 지시대명사 **это**와 다릅니다. 지시 대명사 **это**는 **это место**(이 자리)처럼 명사와 함께 쓰이지만, 위와 같은 평서문의 주어 **это**는 '이것(사물)은 ~입니다', '여기(장소)는 ~입니다' 혹은 때에 따라서는 '이 사람(인물)은 ~입니다'처럼 평서문 문장을 만듭니다.

단어

- красная 붉은
- площадь 광장
- место 장소, 자리
- Арбат 아르바트 거리
- паспорт 여권
- свет 빛, 불
- станция 역, 정거장
- метро 지하철

이것, 이 사람	에따 ЭТО	저것, 저 사람	또 ТО	누구 / 무엇	크또 쉬또 КТО / ЧТО

예 에따 · 아르바트
Это Арбат. 여기는 아르바트 거리입니다.

에따 · 빠스뽀르트
Это паспорт. 이것은 여권입니다.

✓ 형용사의 성

러시아어 형용사는 남성, 여성, 중성, 복수 구분이 있어 뒤에 따라오는 명사에 일치시켜 써야 합니다. 조금씩 철자의 차이는 있으나 변화 원리는 같습니다.

표현 TIP

러시아 형용사의 기본형은 항상 -ий, -ый로 끝나요.

뜻	남성	여성	중성	복수
붉은	끄라스늬이 красный	끄라스나야 красная	끄라스너예 красное	끄라스늬예 красные
큰	발쇼이 большой	발샤야 большая	발쇼예 большое	발쉬예 большие
좋은	하로쉬이 хороший	하로샤야 хорошая	하로쉐예 хорошее	하로쉬예 хорошие

예 끄라스늬이 · 스베트
красный свет (신호등의) 빨간불

발샤야 · 쓰딴찌야 · 미뜨로
большая станция метро 큰 지하철역

74

▶ 다음 |보기|와 같이 알맞은 형태의 단어를 골라 문장을 완성해 보세요.

|보기|

^{에따}   ^{끄라스나야}   ^{끄라스늬이}   ^{쁠로샤지}

Это (Красная / Красный) площадь.

여기는 붉은 광장입니다.

단어

собор 성당, 사원

чемодан 여행용 가방, 캐리어

мой 나의[남성]

моя 나의[여성]

подруга 여자 친구

---

①
에따   이싸끼예브스키   이싸끼브스카야   싸보르

Это (Исаакиевский / Исаакиевская) собор.

이곳은 성 이삭 성당입니다.

②
에따   발쇼이   발샤야   췌마단

Это (большой / большая) чемодан.

이것은 대형 캐리어(여행용 가방)입니다.

③
에따   모이   마야   빠드루가

Это (мой / моя) подруга.

이 사람은 제 여자 친구입니다.

08

까까야 끄라씨바야
Какая красивая!

정말 아름답네요!

✓ 의문사 какой

какой는 '어떤', '어느', '무슨'의 뜻을 가진 의문사입니다. 뒤에 오는 명사의 성과 수에 맞추어 남성형 какой, 여성형 какая, 중성형 какое, 복수형 какие 중 한 가지를 골라 써야 합니다.

- **예**
  - 까끼예 필미 띄 류비쉬
  - **A** Какие фильмы ты любишь? 너는 어떤 영화를 좋아해?
  - 야 류블류 까메지
  - **B** Я люблю комедии. 나는 코미디 영화를 좋아해.

  - 까꼬이 이직 띄 즈나예쉬
  - **A** Какой язык ты знаешь? 너는 어떤 언어를 할 줄 아니?
  - 야 즈나유 앙글리스끼 이직
  - **B** Я знаю английский язык. 나는 영어를 할 줄 알아.

✓ 감탄문 Какой+형용사

「Какой+형용사」는 '얼마나 ~한가!'라는 뜻인데, 의역하면 '정말 ~하네요!'라는 감탄의 의미를 표현할 수 있습니다. 감탄한 대상(주어)을 생략하고 쓸 수 있지만, 반드시 성은 일치시켜 써야 합니다.

- **예**
  - 까꼬이 프쿠스늬이 보르쒸
  - • 남성 : Какой вкусный борщ! 보르시 정말 맛있네요!
  - 까까야 하로샤야 빠고다
  - • 여성 : Какая хорошая погода! 날씨가 정말 좋네요!
  - 까꼬예 스따로예 미뜨로
  - • 중성 : Какое старое метро! 정말 오래된 지하철이네요!
  - 까끼예 지쇼븨예 쑤비니릐
  - • 복수 : Какие дешёвые сувениры! 기념품들이 정말 싸네요!

단어

красивый 아름다운

фильмы 영화들[복수]

любить 사랑하다, 좋아하다

комедия 코미디 영화

язык 언어

знать 알다, 알고 있다

английский язык 영어

вкусный 맛있는

хорошая 좋은

погода 날씨

старый 오래된, 낡은

метро 지하철

дешёвый (가격이) 싼

сувениры 기념품들 [복수]

Track 07-05

실력 다지기 2

▶ 제시된 형용사와 명사 중에서 어울리는 것끼리 골라 감탄문을 만들어 보세요.

형용사

인쩨례스나야
интересная

들린나야
длинная

끄라씨비예
красивые

발쇼예
большое

프쿠스니이
вкусный

명사

끄니가
книга

쯔베띄
цветы

다로가
дорога

즈다니예
здание

샤슬릭
шашлык

까까야
① **Какая** _____!

정말 흥미로운 책이네요!

까꼬이
② **Какой** _____!

정말 맛있는 샤슬릭이네요!

까까야
③ **Какая** _____!

정말 긴 길이네요!

까꼬예
④ **Какое** _____!

정말 큰 건물이네요!

까끼예
⑤ **Какие** _____!

정말 아름다운 꽃들이네요!

단어

интересный
흥미로운, 재미있는

длинный (길이가) 긴

красивые
아름다운[복수]

большой (크기가) 큰

вкусный 맛있는

книга 책

цветы 꽃들[복수]

дорога 길, 도로

здание 건물

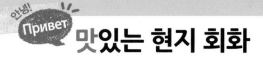

맛있는 현지 회화

☀ 보람이와 사샤가 모스크바 붉은 광장에 갔습니다.

보람
오　쉬또　에따
О, что это?

사샤
에따　　끄라스나야　　뽈로샤지
Это Красная площадь.

보람
까까야　　끄라씨바야
Какая красивая!

사샤
다　에따　싸마야　　끄라씨바야　　뽈로샤지
Да, это самая красивая площадь.

 Track 07-08

 단어

- о 오[감탄사]
- какая 얼마나, 어떤[какой의 여성형]
- да 네
- что 무엇
- красивая 아름다운[красивый의 여성형]
- самая 가장, 제일[самый의 여성형]
- Красная площадь 붉은 광장

보람　　오! 이거 뭐야?

사샤　　여기가 붉은 광장이야.

보람　　정말 아름답다!

사샤　　응, 가장 아름다운 광장이지.

 맛있는 회화 TIP

궁금한 게 많아요! '이건 뭐예요?' '누구예요?'

여행하면서 도시를 구경하다 보면 이것저것 궁금한 것이 많아지죠. 그럴 때 간단히 질문할 수 있는 말이 있습니다. 사물이 궁금하다면 Что это?(이건 뭐예요?), 사람이 궁금하다면 Кто это?(이 사람은 누구예요?)라고 하면 됩니다.

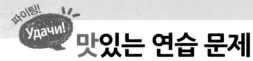 맛있는 연습 문제

실력 쑥쑥!!

Track 07-10

1 녹음을 듣고 보기 에서 감탄의 대상이 어떤 것인지 고르세요.

① _____   ② _____   ③ _____

2 주어진 의미가 되도록 형용사와 명사를 짝지어 보세요.

형용사	большой
	Красная
	вкусное

명사	блюдо
	магазин
	площадь

① 붉은 광장   → _____ _____

② 맛있는 음식 → _____ _____

③ 큰 상점   → _____ _____

3 다음 빈칸에 알맞은 변화형을 쓰세요.

남성	여성	중성	복수
какой			какие
	красивая	красивое	
хороший	хорошая		

80

현지인처럼 문화생활
한번 해볼까?

트레티야코프 미술관(Третьяковская галерея)

'러시아 미술의 메카'라고 불리는 곳입니다. 러시아 미술 역사에 관심이 있다면 빼놓지 않고 꼭 방문해야 하는 곳이죠. 처음에는 개인 소유의 비교적 작은 규모의 미술관이었지만 시간이 흐르면서 규모도 커지고 보유하는 전시물도 점점 많아졌는데, 현재는 18만 개의 아이템이 전시되어 있고 미술관 건물 자체도 국보로 지정되어 있습니다. 요일마다 운영 시간이 다르니 웹사이트를 미리 검색해 보고 가시는 걸 추천합니다. 문화생활을 많이 즐기는 러시아 사람들이 정말 사랑하는 미술관이어서 특히 주말에 입장하려면 줄을 서야 할 만큼 방문객이 많으니 참고하세요!

볼쇼이 극장(Большой театр)

러시아뿐만 아니라 전 세계적으로 유명한 볼쇼이 극장은 크렘린 바로 옆에 위치하고 있습니다. 1776년에 지어진 극장 건물이 아직까지 그대로 보존되어 있는데, 원래는 오페라와 발레만 볼 수 있었지만 요즘에는 연극, 공연, 뮤지컬까지 볼거리가 다양합니다. 공연은 시즌별로 다르기 때문에 방문하기 전에 미리 찾아보는 것이 좋습니다. 모스크바 시민들 사이에서도 인기 있는 곳이라 표를 사려면 여행 전에 온라인을 통해 예매하는 편이 좋습니다.

러시아 문화생활 에티켓, '드레스 코드'!

극장에 갈 때 러시아 사람들은 옷차림을 신경 쓰는 편입니다. 여성들은 보통 드레스나 원피스를 챙겨 입고, 남성들도 정장 등 단정한 차림으로 극장에 갑니다. 여름이라고 해도 슬리퍼나 반바지, 트레이닝복 차림 등은 에티켓에 어긋난다고 생각하는 분위기가 대부분입니다. 관광객의 경우, 청바지나 운동화가 허용될 때도 있지만 지나치게 캐주얼하거나 개성이 강한 옷은 피하는 것이 좋습니다.

DAY 08

희망 표현하기

야　하츄　　꾸삐찌　　　쑤비니르

Я хочу купить сувенир.

나는 기념품을 사고 싶어요.

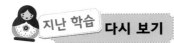

지난 학습 다시 보기

에따　　꼬라스나야　　　　뿔로샤지
- **Это Красная площадь.**

  여기는 붉은 광장입니다.

  → '(이것/여기/이 사람)은 ~입니다'라고 소개할 때는 「Это+명사」로 표현해요.

까까야　　꼬라씨바야
- **Какая красивая!**

  정말 아름답네요!

  → 「Какой/Какая/Какое/Какие+형용사」 형식은 '정 말 ~하네요!'라는 감탄 표현이에요. 명사의 성, 수에 따라 какой/какая/какое/какие 중 하나를 선택해요.

 TODAY 스토리 회화

스토리 미리 듣기 **Track 08-01**

보람이와 사샤가 기념품을 사기 위해 이즈마일롭스키 시장에 가려고 합니다. 함께 가볼까요?

TODAY 학습 포인트

✿ 희망 표현

✿ 명사의 대격

✿ 동사 변화

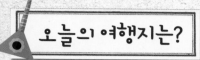

오늘의 여행지는?

Post Card.

러시아의 대도시 시내에 위치해 있는 지하철역은 대중교통의 중심지로서뿐만 아니라, 하나의 예술 공간으로서의 가치도 있습니다. 멋진 그림이나 조각들이 전시돼 있고 역사 건물 자체도 웅장하고 이국적이죠. 대부분의 시설이 오래되고 낡았지만 그만큼 고풍스러운 분위기를 느낄 수 있답니다. 여행하는 동안 지하철을 타고 이동한다면 지하철역도 그냥 지나치지 마세요!

TODAY
핵심 문법

동영상 강의

09
야　하츄　　꾸삐찌　　쑤비니르
Я хочу купить сувенир.
나는 기념품을 사고 싶어요.

10
야　깍　라스　　자프뜨라　　앗디하유
Я как раз завтра отдыхаю.
나는 마침 내일 쉬어요.

맛있는 핵심 문법

09

야 하츄 꾸삐찌 쑤비니르
Я хочу купить сувенир.

나는 기념품을 사고 싶어요.

✓ 희망을 나타내는 동사 хотеть

희망 표현을 나타낼 때는 хотеть(~하고 싶다, ~을 원하다)라는 동사를 활용합니다. '나는 ~(명사)를 원합니다'라고 표현할 때는 「Я хочу+명사」의 형식을 쓰고, '나는 ~(동사)하고 싶다'라고 표현할 때는 「Я хочу+동사원형」의 형식을 씁니다.

> 야 하츄 보르쉬
> ● Я хочу борщ. 나는 보르시를 먹고 싶어요.
>
> 야 하츄 꾸삐찌 마뜨료쉬꾸
> Я хочу купить матрёшку. 나는 마트료시카를 사고 싶어요.

хотеть 동사 앞에 부정조사 не를 붙이면 '~하고 싶지 않다'는 뜻이 됩니다.

> 야 씨차스 니 하츄 삐찌 차이
> ● Я сейчас не хочу пить чай. 나는 지금 차를 마시고 싶지 않아요.

✓ 명사의 대격

「Я хочу+명사」는 '나는 (명사)를 원합니다'라는 뜻입니다. 이때 명사는 대격 형태로 써야 합니다. 명사의 대격을 만드는 방법은 아래와 같습니다.

남성	여성	중성
사물 : 주격과 동일 생명체 : -а/-я	-у/-ю	주격과 동일
동 동 дом → дом 집 스뚜젠뜨 스뚜젠따 студент → студента (남)학생	끄니가 끄니구 книга → книгу 책 라씨야 라씨유 Россия → Россию 러시아	야블라까 яблоко 야블라까 → яблоко 사과

> 야 하츄 노비이 깜쀼쩨르
> ● Я хочу новый компьютер. 나는 새 컴퓨터를 가지고 싶어요.
>
> 야 하츄 발슈유 씨뮤
> Я хочу большую семью. 저는 대가족을 원해요.

단어

купить 구매하다, 사다
сувенир 기념품
матрёшка
마트료시카[러시아 전통 인형]
сейчас 지금
пить 마시다
новый 새로운
компьютер 컴퓨터
большой 큰, 많은
семья 가족

표현 TIP

хотеть의 변화형

я	хочу
ты	хочешь
он / она	хочет
мы	хотим
вы	хотите
они	хотят

표현 TIP

나를	меня
너를	тебя
그를 / 그녀를	его / её
우리를	нас
당신을	вас
그들을	их

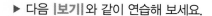

Track 08-03

▶ 다음 **보기**와 같이 연습해 보세요.

보기

굴랴찌
гулять → 야 하츄 굴랴찌
Я хочу гулять. 나는 산책하고 싶어요.

→ 야 니 하츄 굴랴찌
Я не хочу гулять. 나는 산책하고 싶지 않아요.

단어

гулять 산책하다
рис 쌀, 밥
пиво 맥주
билет 티켓, 표
петь 노래하다

① 리스
рис

→ 야 하츄
Я хочу _____. 나는 밥 먹고 싶어요.

→ 야
Я _____. 나는 밥 먹고 싶지 않아요.

② 삐바
пиво

→ 야 하츄
Я хочу _____. 나는 맥주 마시고 싶어요.

→ 야
Я _____. 나는 맥주 마시고 싶지 않아요.

③ 꾸삐찌 빌롓
купить билет

→ 야
Я _____. 나는 티켓을 사고 싶어요.

→ 야 니 하츄
Я не хочу _____. 나는 티켓을 사고 싶지 않아요.

④ 뻬찌
петь

→ 야
Я _____. 나는 노래하고 싶어요.

→ 야 니 하츄
Я не хочу _____. 나는 노래하고 싶지 않아요.

10

야   깍   라스   자프뜨라   앗디하유
Я как раз завтра отдыхаю.

나는 마침 내일 쉬어요.

✓ 동사 변화

단어

как раз 마침, 딱

завтра 내일

по-русски 러시아어로

러시아어 동사는 주어에 따라 변화합니다. 변화하는 방식에 따라 크게 1식과 2식 두 가지로 나눌 수 있습니다. '표1'과 같이 변화하는 방식은 1식 동사 변화, '표2'와 같이 변화하는 방식은 2식 동사 변화입니다.

표1

Я 나	앗디하유 отдыхаю	МЫ 우리	앗디하옘 отдыхаем
ТЫ 너	앗디하예쉬 отдыхаешь	ВЫ 너희들, 당신	앗디하이쩨 отдыхаете
ОН / ОНА 그 / 그녀	앗디하옛 отдыхает	ОНИ 그들	앗디하윳 отдыхают

[1식 동사] отдыхать 쉬다, 휴식하다, читать 읽다, слушать 듣다, думать 생각하다,
работать 일하다, гулять 산책하다

표현 TIP

*1식 동사 : -еть, -ать, -ять, -оть, -уть, -ыть, -ти로 끝나는 동사(일부 예외)
*2식 동사 : -ить로 끝나는 동사(일부 예외)

표2

Я 나	스마뜨류 смотрю	МЫ 우리	스모뜨림 смотрим
ТЫ 너	스모뜨리쉬 смотришь	ВЫ 너희들, 당신	스모뜨리쩨 смотрите
ОН / ОНА 그 / 그녀	스모뜨릿 смотрит	ОНИ 그들	스모뜨럇 смотрят

[2식 동사] смотреть 보다, говорить 말하다, купить 사다, любить 사랑하다,
готовить 준비하다, ловить 잡다

표현 TIP

2식 동사 중에서 купить, любить, готовить, ловить은 1인칭 동사로 변화할 때 -ю가 아니라 -лю가 붙습니다.

쉬또 띄   취따예쉬
 Что ты читаешь? 넌 뭘 읽고 있니?

아니   하라쇼   가바럇   빠   루스끼
Они хорошо говорят по-русски.

그들은 러시아어로 말을 잘합니다.(그들은 러시아어를 잘합니다.)

야   류블류   찌뱌
Я люблю тебя. 나는 너를 사랑해.

● Track 08-05

● 실력 다지기 2 ●

▶ 다음 |보기|와 같이 연습해 보세요.

|보기|

굴랴찌
гулять

야   굴랴유   까쥐듸이   젠
→ **Я гуляю каждый день.**

나는 매일 산책합니다.

단어

гулять 산책하다

каждый день 매일

думать 생각하다

об этом 이것에 대해

работать 일하다

в больнице 병원에서

купить 구매하다, 사다

подарок 선물

для ~을 위해

папа 아빠

смотреть 보다

сериал 연속극, 드라마

---

① 두마찌
думать

쉬또 띄   아브   에떰
→ **Что ты _____ об этом?**

이것에 대해 너는 어떻게 생각해?

---

② 라보따찌
работать

아나   브   발리니쩨
→ **Она _____ в больнице.**

그녀는 병원에서 일합니다.

---

③ 꾸삐찌
купить

야   빠다럭   들랴 빠삐
→ **Я _____ подарок для папы.**

내가 아빠를 위한 선물을 살게요.

---

④ 스마뜨례찌
смотреть

븨   에떳   씨리알
→ **Вы _____ этот сериал?**

이 드라마를 보시나요?

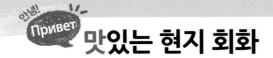

회화 듣기 ◉ Track 08-06   따라 말하기 ◉ Track 08-07

☀ 보람이가 사샤에게 이즈마일롭스키 시장에 가자고 제안합니다.

보람
　　　　　빠이좀　　　나　　이즈마일로브스키　　　리녁
Пойдём на Измайловский рынок!

사샤
　　　　자쳄
Зачем?

보람
　　야　하츄　꾸삐찌　쑤비니르　　빠이좀　브몌스쩨
Я хочу купить сувенир. Пойдём вместе?

사샤
　　오　　빠이좀　야　깍　라스　자프뜨라　　앗듸하유
О, пойдём! Я как раз завтра отдыхаю.

보람
　　　하라쇼
Хорошо!

◉ Track 08-08

단어

- **пойдём** 가자[원형 пойти]
- **зачем** 왜, 뭐 하러
- **сувенир** 기념품
- **завтра** 내일
- **на** ~로, ~에
- **хочу** ~하고 싶다[원형 хотеть]
- **вместе** 함께, 같이
- **отдыхать** 쉬다, 휴식하다
- **рынок** 시장
- **купить** 구매하다, 사다
- **как раз** 마침, 딱

보람　이즈마일롭스키 시장에 가자!

사샤　왜?

보람　기념품을 사고 싶어. 같이 갈래?

사샤　오, 가자! 나 마침 내일 쉬거든.

보람　좋아!

 맛있는 회화 TIP

비슷하지만 명확히 다른 표현! зачем과 почему

우리말로는 두 표현 다 '왜?'라고 번역되지만 러시아어로는 구분해서 써야 합니다. почему(왜)는 행위의 이유를 묻는 표현이고, зачем은 행위의 목적을 묻는 표현입니다. 그래서 보람이가 시장에 가자고 했을 때 사샤가 зачем?이라고 질문한 것은 시장에 가는 목적을 물은 것이라고 할 수 있습니다.

맛있는 연습 문제

파이팅! Удачи!

1 다음 빈칸에 인칭에 알맞은 동사 변화형을 쓰세요.

я		мы	думаем
ты		вы	
он / она	думает	они	

2 다음 사진을 보고 문장을 완성하세요.

①

Я хочу _____.

②

Я хочу _____.

• спать 잠을 자다

3 녹음을 듣고 빈칸을 채워 문장을 완성하세요.

Track 08-10

① Я _____ торт.

② _____ пить кофе.

③ Я хочу _____ _____.

• смотреть 보다
• фильм 영화

러시아의 밤거리는 어떨까?

밤 10시가 되면……

러시아는 밤 10시 이후 편의점, 상점 등에서 술 판매가 제한되는 곳이 많습니다. 만일 밤에 숙소에서 간단하게 맥주 한 잔이라도 하고 싶다면, 10시 이전에 미리 구입해 놓아야 한답니다. 10시 이후에 법적으로 술 판매가 제한되는 건 외국인에게도 마찬가지이기 때문이죠. 물론 클럽이나 바(bar), 술집 등에서는 10시 이후에도 술 판매가 가능합니다.

러시아의 클럽은?

러시아도 우리나라와 마찬가지로 술을 파는 일반 술집과 클럽이 구분됩니다. 바와 술집은 대부분 새벽까지 운영하기 때문에 편히 원하는 술을 마시며 즐거운 시간을 보낼 수 있죠.
대부분의 클럽은 입장료에 술과 간단한 안주값 등이 포함되어 있어서 입장료 자체가 비싼 편입니다. 테이블 예약을 하지 않고 입장만 원할 경우에는 미리 현지인에게 물어보거나 인터넷에서 검색을 해본 후 입장만 허용하는 클럽을 찾아가야 한답니다.

드레스 코드를 알아 두세요!

우리나라의 몇몇 대형 클럽과 마찬가지로, 러시아 클럽에도 드레스 코드가 있습니다. 보통 클럽 입구에 경비원들이 서 있고, 기본적으로 반바지 차림이나 슬리퍼를 신고 있는 경우에는 입구에서부터 입장 금지랍니다. 러시아 여행 중에 클럽 문화를 즐기고 싶다면 너무 편한 차림의 옷만 가져가서는 안 된다는 것! 꼭 기억하세요.

물건 사기

스꼴까   에따   스또잇

Сколько это стоит?

이건 얼마예요?

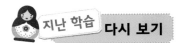

지난 학습 다시 보기

야   하츄   꾸삐찌   쑤비니르

◆ **Я хочу купить сувенир.**

나는 기념품을 사고 싶어요.

> 희망 표현 '~하고 싶다'는 「хотеть+동사원형」, '~하고 싶지 않다'는 부정 표현은 「не хотеть+동사원형」을 써요.

야   깍   라스   자프뜨라   앗딕하유

◆ **Я как раз завтра отдыхаю.**

나는 마침 내일 쉬어요.

> 러시아어 동사는 인칭에 따라 형태가 변화해요.
> отдыхать는 Я отдыхаю, Ты отдыхаешь,
> Он/Она отдыхает과 같이 변화해요.

스토리 미리 듣기 Track 09-01

TODAY 스토리 회화

보람이와 사샤가 이즈마일롭스키 시장에 왔습니다.
시장에서 물건을 구입할 때는 어떻게 하는지 한번 볼까요?

TODAY 학습 포인트

☆ 가격을 묻는 표현
☆ 소감 표현

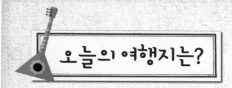
오늘의 여행지는?

이즈마일롭스키 시장(Измайловский рынок)은 모스크바에서 가장 크고 유명한 시장입니다. 그만큼 관광객도 제일 많죠. 러시아 전통풍의 건물 덕에 고풍스러운 분위기를 느낄 수 있어요. 러시아 전통 옷, 기념품, 공예품 등을 파는 가게들이 많아 여러 가지를 구경하고 사기 좋답니다. 대형 백화점에서는 불가능한 에누리가 가능하다는 점이 시장의 큰 장점이겠죠? 주말마다 열리는 벼룩시장에서는 모스크바 시민들이 나서서 골동품을 팔곤 하는데, 다른 곳에서는 찾아보기 힘든 물건들을 발견할 수도 있다고 하니, 이즈마일롭스키 시장에서 나만의 보물찾기에 한번 도전해 보는 건 어떨까요?

핵심 문법
TODAY

동영상 강의

11

스꼴까　에따　스또잇
Сколько **это стоит**?
이건 **얼마예요**?

12

오이　오친　도라가
Ой! Очень **дорого**!
이런! **정말 비싸요!**

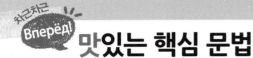

11

Сколько это стоит?
스꼴까 에따 스또잇

이건 얼마예요?

✓ '이거 얼마예요?' Сколько это стоит?

сколько는 '얼마'라는 의문사입니다. стоит(원형 стоить)은 '~의 가치가 있다'라는 뜻의 동사입니다. 따라서 Сколько стоит?은 가격을 묻는 '얼마예요?'라는 표현이 됩니다. 사고자 하는 물건의 이름을 모르더라도 물건을 손가락으로 가리키면서 Сколько стоит?이라고 질문할 수 있습니다.

예 A Сколько стоит пиво? 맥주는 얼마예요?
스꼴까 스또잇 삐바

B Сто пятьдесят рублей. 150루블입니다.
스또 뻿지샷 루블레이

A Сколько стоит эта футболка? 이 티셔츠는 얼마예요?
스꼴까 스또잇 에따 풋볼까

B Пятьсот тридцать рублей. 530루블입니다.
삣쏫 뜨리쩌찌 루블레이

단어

сколько 얼마
стоит ~만큼 가치(가격)가 있다[원형 стоить]
пиво 맥주
рублей 루블 [원형 рубль]
футболка 티셔츠

표현 TIP

지시대명사와 달리 일반 명사는 Сколько стоит 끝에 옵니다.

표현 TIP

рубль의 변화형

금액	변화형
1	рубль
2, 3, 4	рубля
5 이상	рублей

표현 TIP

20 이상의 숫자를 읽을 때에는 66쪽의 숫자 표현을 참고해 조합하면 됩니다. 예를 들어 48은 сорок восемь, 67은 шестьдесят семь가 됩니다.

✓ 숫자 표현 10~10,000

10	десять 제시찌	80	восемьдесят 보씸지샷	600	шестьсот 쉿쏫
20	двадцать 드바쩌찌	90	девяносто 지비노스따	700	семьсот 씸쏫
30	тридцать 뜨리쩌찌	100	сто 스또	800	восемьсот 바심쏫
40	сорок 쏘럭	200	двести 드볘스찌	900	девятьсот 지빗쏫
50	пятьдесят 뻿지샷	300	триста 뜨리스따	1,000	тысяча 띄씨챠
60	шестьдесят 쉐스지샷	400	четыреста 취띄리스따	10,000	десять тысяч 제시찌 띄씨취
70	семьдесят 셈지샷	500	пятьсот 삣쏫		

94

실력 다지기 1

▶ 주어진 물건의 가격을 참고하여 대화를 완성해 보세요.

|보기|

2000 рублей   140 рублей   760 рублей   10500 рублей

단어

матрёшка 마트료시카

шоколад 초콜릿

магнит 자석

билет 티켓, 표

---

① A _____ 마뜨료시카 **матрёшка?**

마트료시카는 얼마예요?

드베 띠씨치 루블레이
B **Две тысячи рублей.**

2,000루블입니다.

② A _____ 샤깔랏 **шоколад?**

초콜릿은 얼마예요?

루블레이
B _____ **рублей.**

140루블입니다.

③ A _____ 마그닛 **магнит?**

자석은 얼마예요?

루블레이
B _____ **рублей.**

760루블입니다.

④ A _____ 빌롓 **билет?**

티켓은 얼마예요?

제시찌 띠씨취 삣쏫 루블레이
B **Десять тысяч пятьсот рублей.**

10,500루블입니다.

표현 TIP

숫자 11~19 읽기

одиннадцать
11, 열하나

двенадцать
12, 열둘

тринадцать
13, 열셋

четырнадцать
14, 열넷

пятнадцать
15, 열다섯

шестнадцать
16, 열여섯

семнадцать
17, 열일곱

восемнадцать
18, 열여덟

девятнадцать
19, 열아홉

12

오이   오친   도라가

Ой! Очень дорого!

이런! 정말 비싸요!

✓ 부사를 활용한 소감 표현

앞서 76쪽에서 배운 「Какой+형용사」 형식의 감탄문도 있지만, 부사를 활용해 보다 더 간단하게 소감 표현을 만들 수도 있습니다. 어미가 -ый(남성), -ая (여성), -ое(중성), -ые(복수)와 같이 끝나는 형용사 형태와 달리 부사는 -о로 끝나는데, '매우'라는 뜻의 очень, 혹은 '어떻게'라는 뜻의 как과 함께 쓰면 소감 혹은 감탄을 표현할 수 있습니다.

> 오친   끄라씨바
> **Очень красиво!** 정말 예쁘네요!
>
> 오친   프쿠스나
> **Очень вкусно!** 정말 맛있어요!
>
> 깍   비스뜨라
> **Как быстро!** 참 빠르네요!
>
> 깍   하라쇼
> **Как хорошо!** 아주 좋아요!

✓ 형용사를 활용한 부사의 형태

러시아어 형용사의 기본형은 항상 -ий, -ый로 끝납니다. 형용사의 어미를 -о로 바꾸면 부사가 됩니다. 예를 들어, '예쁜'이라는 뜻의 형용사 красивый에서 어미 ый 대신 о를 붙이면 부사 красиво가 됩니다. 이렇게 만들어진 부사는 동사를 꾸며 주기도 하고, '~하다'라는 서술하는 역할을 하기도 합니다.

형용사	부사
들린늬이 **ДЛИННЫЙ** (길이가) 긴	들린나 **ДЛИННO** 길게, 길다
하로쉬이 **хороший** 좋은	하라쇼 **хорошо** 좋게, 좋다
할로드늬이 **ХОЛОДНЫЙ** 추운	흘러드나 **ХОЛОДНO** 춥게, 춥다

단어

очень 아주, 매우
как 얼마나, 어떻게
дорого 비싸다, 비싸게
красиво 예쁘다, 예쁘게
быстро 빠르다, 빠르게
хорошо 좋다, 잘

🎧 표현 TIP

시장에서 가격을 흥정할 때 '너무 비싸요(Очень дорого!)'라는 말을 건넨 후, '깎아 주세요 (Можно подешевле, пожалуйста?)'라고 조심스럽게 말해 보세요. пожалуйста를 빼먹지 않아야 정중한 표현이 된다는 것, 잊지 마세요!

🎧 표현 TIP

자주 쓰이는 부사
дорого 비싸게
дёшево 싸게
высоко 높게
низко 낮게
медленно 천천히
быстро 빠르게
рано 일찍
поздно 늦게

Track 09-05

◀ 실력 다지기 2 ▶

▶ 다음 사진을 보고 적절한 부사를 활용해 |보기|와 같이 감탄문을 만들어 보세요.

|보기|

오친 찌쁠로
→ **Очень тепло!**

(날씨가) 정말 따뜻하네요!

단어

тепло 따뜻하다, 따뜻하게

быстро 빠르다, 빠르게

удобно 편안하다, 편리하게

сладко 달다, 달게

шумно 시끄럽다, 시끄럽게

①

→ _____

정말 빠르네요!

②

→ _____

정말 편안하네요!

③

→ _____

정말 달아요!

④

→ _____

정말 시끄러워요!

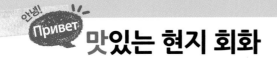

☀ 보람이가 이즈마일롭스키 시장에서 물건을 사고 있습니다.

보람 _{스꼴까 에따 스또잇}
Сколько это стоит?

판매원 **800(Восемьсот)** ^{바심쏫} **рублей.** ^{루블레이}

보람 _{오이   오친   도라가}
Ой! Очень дорого!

판매원 _{따그다 다이쩨   씸쏫   쉐스지샷   루블레이}
Тогда дайте 760(семьсот шестьдесят) рублей.

보람 _{발쇼예   스빠씨바}
Большое спасибо!

Track 09-08

단어

- сколько 얼마
- рублей 루블[원형 рубль]
- дорого 비싸다, 비싸게
- большое 큰, 커다란[большой의 중성형]

- стоит ~만큼 가치(가격)가 있다[원형 стоить]
- ой 이런, 아이구[감탄사]
- тогда 그러면

- очень 아주, 매우
- дайте 주세요[원형 дать]
- большое спасибо 정말 감사합니다

98

보람	이거 얼마예요?
판매원	800루블입니다.
보람	이런! 정말 비싸네요!
판매원	그러면 760루블만 주세요.
보람	정말 감사합니다.

🫐 맛있는 회화 TIP

감탄도 원어민처럼! 오이!

우리나라 사람들도 깜짝 놀랐을 때나 감탄할 때 '엄마야!', '앗!', '으악!' 등과 같은 짧은 말을 내뱉곤 하죠. 러시아 사람들은 과연 같은 상황에서 어떤 소리를 낼까요? 가장 흔히 들을 수 있는 것이 Ой!라는 말입니다. 그 외에도 Ай!, Ого! 등이 있답니다. 감탄사도 원어민처럼 말해 보세요!

✳ **러시아 지폐 종류**

50루블(50 рублей) 100루블(100 рублей) 200루블(200 рублей) 500루블(500 рублей)

1,000루블(1000 рублей) 2,000루블(2000 рублей) 5,000루블(5000 рублей)

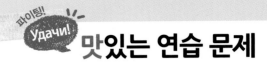

1 녹음을 듣고 보기에서 적합한 지폐를 고르세요.

보기

A

B

C

① _____ ② _____ ③ _____

2 다음 문장의 의미에 맞게 빈칸을 채우세요.

① 정말 비싸네요!

→ **Очень** _____!

② 이 빵은 얼마예요?

→ _____ _____ **этот хлеб?**

③ 아주 좋아요!

→ **Как** _____!

*힌트

• хлеб 빵

• как 얼마나, 어떻게

3 주어진 표현을 잘 읽고 얼마인지 숫자로 써보세요.

① **пятьдесят семь** → _____

② **триста сорок** → _____

③ **шесть тысяч восемьсот** → _____

100

러시아 기념품,
어떤 걸 사올까?

мёд(꿀)

꿀은 우리나라에서도 물론 구할 수 있지만, 러시아 꿀은 세계적으로 유명하답니다. 러시아 사람들은 옛날부터 감기에 걸리면 꿀차를 자주 마신다고 해요. 러시아 꿀은 밀꿀, 메밀꿀, 꽃꿀, 보리꿀 등 종류도 다양하고 맛도 여러 가지입니다. 포장해서 선물용으로도 가져가기 좋겠죠? 신선하고 달콤한 꿀은 남녀노소 누구에게나 할 수 있는 선물입니다.

шоколад(초콜릿)

러시아에는 다양한 종류의 과자나 빵, 쿠키, 케이크와 같은 디저트가 있습니다. 러시아의 어느 도시든 큰 빵집에 들어가 보면 눈과 입을 즐겁게 해줄 달콤한 간식들이 놓여 있죠. 그중 단연 러시아 초콜릿은 외국인 관광객들이 러시아에 오면 꼭 챙겨가는 것 중 하나인데, 우리나라에서 '알룐카(Алёнка)'라는 초콜릿 바는 어느 정도 알려져 있지만 그 외에도 맛있는 초콜릿이 많답니다. 대형마트나 초콜릿 상점에 가면 알록달록한 포장지에 싸인 수십 종류의 초콜릿이 있으니 마음에 드는 초콜릿을 고르는 재미도 쏠쏠하겠죠?

Гжель, Хохлома
(그젤, 호흘로마–러시아 전통 문양이 새겨진 주방용품)

그젤이나 호흘로마와 같은 주방용품도 러시아의 자랑거리이자 외국인들이 자주 사가는 기념품 중에 하나입니다. 파란색과 흰색이 묘하게 어울리는 그젤, 검은색과 빨간색이 섞인 호흘로마는 보기에도 아름다워 실제로 사용하기보다는 장식으로 더 많이 쓰인답니다. 관광객뿐만 아니라 러시아 현지인들도 가까운 지인이 이사하면 그젤이나 호흘로마를 집들이 선물로 주곤 합니다.

둘째 주 다시 보기 DAY 06-09

이번 주 학습 내용 ----------------------------------

DAY 06

핵심 문법
05 **주문하기**

다이쩨   미뉴   빠좔루이스따
Дайте меню, пожалуйста!

메뉴판 좀 주세요!

└, '~을 주세요'라는 표현은 「Дайте~, пожалуйста」예요.

핵심 문법
06 **숫자 표현**

아진   보르쉬   드바   샤슬릐까   이   아진   챠이   빠좔루이스따
Один борщ, два шашлыка и один чай, пожалуйста!

보르시 하나, 샤슬릭 둘, 차 한 잔 주세요!

└, 러시아어로 '하나'는 один, '둘'은 два예요.

DAY 07

핵심 문법
07 **장소 소개하기**

에따   끄라스나야   쁠로샤지
Это Красная площадь.

여기는 붉은 광장입니다.

└, '(이것/여기/이 사람)은 ~입니다'라고 소개할 때는 「Это+명사」로 표현해요.

핵심 문법
08 **감탄 표현**

까까야   끄라씨바야
Какая красивая!

정말 아름답네요!

└, 「Какой/Какая/Какое/Какие+형용사」 형식은 '정말 ~하네요!'라는 감탄 표현이에요. 명사의 성과 수에
따라 какой/какая/какое/какие 중 하나를 선택해요.

Удачи!

━● 실력 다지기 1 ●━

1 다음 문장의 의미에 맞게 빈칸을 채우세요.

① 메뉴판 좀 주세요!

▷ _____ меню, пожалуйста!

② 케이크 하나, 커피 두 잔 주세요!

▷ **Дайте** _____ **торт и** _____ **кофе, пожалуйста!**

2 다음 빈칸에 순서대로 알맞은 단어를 써보세요.

три - (   ) - пять - (   )

3 다음 문장을 바르게 고쳐 보세요.

① **Эти моя мама.**

▷ _____

② **Какой красивая!**

▷ _____

③ **Какое хороший дом!**

*힌트

• мама 엄마

▷ _____

DAY 08

핵심 문법
09

희망 표현

야　하츄　꾸삐찌　쑤비니르
Я хочу купить сувенир.

나는 **기념품을 사고 싶어요.**

ㄴ 희망 표현 '~하고 싶다'는 「хотеть+동사원형」, '~하고 싶지 않다'는 부정 표현은 「не хотеть+동사원형」
을 써요.

핵심 문법
10

동사 변화

야　깍　라스　자프뜨라　앗딕하유
Я как раз завтра отдыхаю.

나는 **마침 내일** 쉬어요.

ㄴ 러시아어 동사는 인칭에 따라 형태가 변화해요. отдыхать는 Я отдыхаю, Ты отдыхаешь, Он/Она
отдыхает과 같이 변화해요.

DAY 09

핵심 문법
11

가격 묻기

스꼴까　에따　스또잇
Сколько это стоит?

이건 **얼마예요?**

ㄴ 가격을 물을 때는 「Сколько стоит?」 표현을 써요.

핵심 문법
12

소감 말하기

오이　오친　도라가
Ой! Очень дорого!

이런! **정말 비싸요!**

ㄴ 러시아어는 부사를 활용해서 소감을 표현할 수 있어요. '비싸요!'는 Дорого!, '맛있어요'는 Вкусно!예
요.

Удачи!

실력 다지기 2

1 다음 문장의 의미에 맞게 빈칸을 채우세요.

① 굼 백화점에 가자.

▷ _____ в ГУМ.

② 커피 마시러 가자.

▷ _____ пить _____.

*힌트

• в ГУМ 굼 백화점으로

2 알맞은 표현을 괄호 안에서 골라 문장을 완성하세요.

① **Я (хочу / хочешь / хочет) купить зонт.**

▷ _____

② **Бо Рам (хочу / хочешь / хочет) есть торт.**

▷ _____

*힌트

• зонт 우산

Track 10-01

3 녹음을 듣고 빈칸을 채워 대화를 완성하세요.

А _____ это _____?

В 1000 _____.

А **Ой, очень _____!**

✈우리만 알고 있는 러시아 이야기

음식&쇼핑 문화

📷 러시아에는 아이스 아메리카노가 없어요?

러시아 카페를 방문하는 우리나라 관광객들이 항상 놀라워하는 것 중에 하나는 바로 아이스 음료가 없다는 점입니다. 러시아 날씨가 추워서 얼음을 넣은 음료를 많이 먹지 않는 거라고 생각할 수 있지만 실은 그렇지 않답니다. 러시아 사람들도 아이스크림이나 차가운 음료를 많이 마시긴 하지만 커피에 대해서만큼은 예외인 것이죠. 러시아인들은 커피의 향과 맛을 아주 중요하게 생각하는데, 커피에 얼음을 넣으면 커피 맛이 사라진다고 생각하기 때문에 아이스 아메리카노를 잘 마시지 않는다고 해요. 물론 메뉴를 잘 살펴보면 찾을 수 있는 경우도 있으니 주의 깊게 살펴보세요!

📷 패스트푸드점에서 식사 후 테이블 정리는 안 해도 괜찮아요!

러시아 식당 서비스 문화는 우리나라와 좀 다릅니다. 뭐든 '셀프'가 많은 우리와 달리 러시아에서는 대부분 종업원이 모든 것을 갖다줍니다. 심지어 패스트푸드 체인점에서도 종업원이 해야 하는 역할이 많습니다. 공간을 청소하거나 남은 음식과 그릇을 치우는 것은 종업원의 업무 중 하나로 여겨져, 고급 레스토랑은 물론 패스트푸드점에서도 식사 후에 테이블을 치우지 않아도 된답니다. 바로 이런 문화 때문에 팁 문화를 지켜야 하는 것도 잊지 말아야겠죠! 음식값을 지불할 때 총 금액의 10%에서 15%까지 팁을 주는 것은 자연스러운 에티켓이랍니다.

📷 레스토랑에서 외투를 맡기세요!

우리와 다른 러시아 문화 중 또 한 가지는 바로 레스토랑이나 극장에 들어가기 전에 겉옷을 특정한 장소에 맡기는 것인데, 주로 입구에 '가르지롭 (гардероб)'이라고 하는 곳이 있습니다. 러시아에서는 밖에서 입고 다니는 옷을 식사를 하거나 공연을 관람하는 곳에 입고 들어가면 무례하다고 생각한답니다. 그래서 고급 레스토랑이나 극장, 전시회 등과 같은 곳에 가면 거의 대부분 '가르지롭'이 있습니다. 작은 바(bar)나 패스트푸드점에는 없는 경우도 있지만, 웬만한 식당이나 극장에서는 굳이 필요하지 않다고 여겨지더라도 외투를 맡기고 들어가는 걸 잊지 마세요!

📷 러시아 사람들이 좋아하는 한국 선물은?

누구든 선물을 받을 때 그 나라에서만 구할 수 있는 특산품을 받는 걸 좋아하겠죠. 러시아 사람들도 마찬가지입니다. 러시아인에게 한국 물건을 선물해야 한다면 우리나라에서만 찾아볼 수 있는 물건을 떠올려 보세요! 물론 선물을 받을 사람의 취향도 함께 고려해야겠죠. 러시아인이 선호하는 한국 선물로는 화장품, 인삼 음료, 전통 술 등을 꼽을 수 있습니다. 한국 화장품은 국내뿐만 아니라 해외의 많은 나라에서 호응을 얻고 있어 언제나 무난한 선물이 된답니다. 특이하게도 양말 역시 좋은 선물이 될 수 있다고 해요. 물론 러시아에서도 당연히 양말을 판매하지만, 한국 양말이 유독 소재와 디자인이 다양해서 좋아하죠. 선물을 받는 사람의 연령대와 취향을 고려해 예쁜 양말을 한번 선물해 보세요!

현지에서 한마디!

당황하지 않고 가르지롭(гардероб)을 이용해 보세요!

모쥐나　　므녜　마요　　빨또　　　빠좔루이스따
Можно мне моё пальто, пожалуйста?

제 외투 좀 주실 수 있으세요?

WEEK 03

DAY 11-15

지금 이르쿠츠크를 만나러 가자!

이번 주에는?

날씨를 표현하거나 날짜와 시간을 말할 수 있어요.

이르쿠츠크

시베리아의 파리 이르쿠츠크를 여행해요.

스파스카야 교회

DAY 11

현지에서 숙소 구하기 표현을 익혀요.

안가라 강변

DAY 12

날씨 관련 표현을 말할 수 있어요.

DAY 13 **바이칼호**

허락과 금지 표현을 익혀
문화 에티켓을 말할 수 있어요.

DAY 14 **이르쿠츠크 기차역**

날짜와 시간 표현을 익혀
여행 일정을 말할 수 있어요.

DAY 15

러시아 문화

셋째 주 DAY 11~14 복습

DAY 11~14의 주요 학습 내용을 복습하고,
다양한 문제로 자신의 실력을 체크해 보세요.

러시아의 주요 공휴일과 기념일에 대해
알 수 있어요.

DAY 11

숙소 구하기

밤 누췐 노메르

Вам нужен номер?

방 필요하세요?

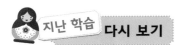

지난 학습 **다시 보기**

♦ 스꼴까 에따 스또잇
Сколько это стоит?

이건 얼마예요?

> 가격을 물을 때는 「Сколько стоит?」 표현을 써요.

♦ 오이 오친 도라가
Ой! Очень дорого!

이런! 정말 비싸요!

> 러시아어는 부사를 활용해서 소감을 표현할 수 있어요.
> '비싸요!'는 Дорого!, '맛있어요!'는 Вкусно!예요.

스토리 미리 듣기 🔘 Track 11-01

TODAY
스토리 회화

주현이가 자신의 유튜브 채널 구독자인 따냐의 초대를 받아 이르쿠츠크에 왔습니다.
오늘은 숙소 예약 확인을 어떻게 하는지 알아볼까요?

TODAY
학습 포인트

✿ нужен의 활용과 여격
✿ 동사의 과거형

오늘의 여행지는?

스파스카야 교회(Спасская церковь)는 러시아 극동 지역에서 가장 오래된(1706년 건축) 돌로 만든 교회입니다. 300년이 넘는 역사를 자랑하며 러시아 제국의 시베리아 지역 첫 둥지로 여겨지는 곳이죠. 이 교회 주변으로 시가지와 인프라가 만들어졌다가 시간이 흐르면서 화재, 자연재해 등으로 대부분이 파괴되었는데, 이 교회만큼은 무사했답니다. 소련이 이 교회를 무너뜨리고 새 건물을 지으려 했지만 결국 이런 계획도 무산되었고 오늘날까지 보존되어 왔죠.

핵심 문법 TODAY

동영상 강의

13
밤   누쥔   노몌르
Вам нужен номер?
방 필요하세요?

14
야   우쥌   자브라니라발
Я уже забронировал.
이미 예약했어요.

맛있는 핵심 문법

13

^밤 ^{누줸} ^{노메르}
Вам нужен номер?

방 필요하세요?

✓ '～에게 ～가 필요하다' 여격+нужен+명사

'～에게 ～가 필요하다'는 문장을 만들 때, '～에게'에 해당하는 부분은 **여격**으로 써야 합니다. '～가(필요한 것)'에 해당하는 부분은 **주격**으로 씁니다. 그리고 нужен은 이 주어의 성에 일치시켜 씁니다.

단어

номер 번호, 객실
билет 티켓, 표
помощь 도움
пальто 외투

^밤 ^{누줸} ^{노메르}
Вам нужен **номер** ?

여격

성, 수 일치 : номер가 자음으로 끝나는 남성형이므로, 이에 일치시켜 нужен도 남성형으로 씁니다.

▷ нужен의 변화형

남성	여성	중성	복수
^{누줸} нужен	^{누쥐나} нужна	^{누쥐나} нужно	^{누쥐늬} нужны

⚠ нужна와 нужно의 발음은 같게 보이지만, 사실 차이가 있습니다. нужна는 맨 끝모음 а에 강세가 있기 때문에 단어의 맨 끝부분을 강조해서 발음하고, нужно는 첫 번째 모음 у에 강세가 있기 때문에 단어의 앞부분을 강하게 발음합니다.

▷ 인칭대명사의 여격

나	^{므녜} мне	우리	^남 нам
너	^{찌볘} тебе	너희들, 당신	^밤 вам
그 / 그녀	^{이무} ^{예이} ему / ей	그들	^임 им

표현 TIP

일반 명사의 여격 변화

여성 명사는 어미를 -е나 -и로, 남성 명사와 중성 명사는 -у나 -ю로 변화시킵니다.

남성
паспорт → паспорту 여권
музей → музею 박물관
июнь → июню 6월
여성
карта → карте 지도
Россия → России 러시아
дверь → двери 문
중성
окно → окну 창문
море → морю 바다
здание → зданию 건물

예 ^{므녜} ^{누줸} ^{빌롓}
Мне нужен билет. 나는 티켓이 필요합니다.

^{예이} ^{누쥐나} ^{뽀마쉬}
Ей нужна помощь. 그녀는 도움이 필요합니다.

^{이무} ^{누쥐나} ^{빨또}
Ему нужно пальто. 그는 외투가 필요합니다.

▶ 주어진 단어를 활용하여 |보기|와 같이 질문을 만들어 보세요.

|보기|

она / карта → **Ей нужна карта?**

그녀에게 지도가 필요합니까?

단어

карта 지도

наушники 이어폰

время 시간[중성]

тарелка 접시

чек 영수증

① **ты / наушники**

→ _____

너는 이어폰이 필요하니?

② **они / время**

→ _____

그들에게 시간이 필요합니까?

③ **он / тарелка**

→ _____

그에게 접시가 필요합니까?

④ **вы / чек**

→ _____

당신은 영수증이 필요합니까?

14

아 우줴 자브라니라발
Я уже забронировал.

이미 예약했어요.

✓ 동사의 과거형

동사의 과거형을 만드는 방법은 동사의 기본형에서 -ть를 빼고, 그 뒤에 남성은 -л, 여성은 -ла, 중성은 -ло, 복수는 -ли를 붙이면 됩니다. 성은 주어의 성에 일치시켜 씁니다.

기본형	남성	여성	중성	복수
젤라찌 делать	젤랄 делал	젤랄라 делала	젤랄로 делало	젤랄리 делали
즈나찌 знать	즈날 знал	즈날라 знала	즈날로 знало	즈날리 знали
비제찌 видеть	비젤 видел	비젤라 видела	비젤로 видело	비젤리 видели
가바리찌 говорить	가바릴 говорил	가바릴라 говорила	가바릴로 говорило	가바릴리 говорили

🔊 야 젤랄 우보르꾸 프췌라
Я делал уборку вчера. 나는 어제 청소를 했습니다.

아나 즈날라 이보 이먀
Она знала его имя. 그녀는 그의 이름을 알고 있었습니다.

아니 비젤리 에떳 필음
Они видели этот фильм. 그들은 이 영화를 봤습니다.

뚜리스띠 가바릴리 아 마스끄볘
Туристы говорили о Москве.
관광객들은 모스크바에 대해 이야기했습니다.

✓ 의문문

문장 끝에 물음표(?)를 붙이면 의문문이 되는데, 다만 문장을 읽을 때 억양이 평서문과 달라집니다. 묻고자 하는 내용의 단어를 올리면서 읽으면 됩니다.

🔊 야 젤랄 우보르꾸 프췌라
Я делал уборку вчера? 내가 어제 청소를 했던가?

단어

уже 이미, 벌써

забронировал
예약했다[원형
забронировать]

делать ~을 하다

знать 알다, 알고 있다

видеть 보다

говорить 말하다

уборка 청소

вчера 어제

его 그의

имя 이름

о ~에 대해

표현 TIP

러시아어에서 부정문을 만드는 방법은 아주 간단합니다. 동사 앞에 не를 붙이면 되는데, 예를 들어, Она знала его имя. 라는 문장을 부정형으로 만들면 Она не знала его имя.가 됩니다.

▶ 다음 |보기|와 같이 괄호 안의 동사를 주어에 맞춰 과거형으로 변형시켜 보세요.

> |보기|
>
> # Он хорошо (знать) русский язык.
>
> → **Он хорошо знал русский язык.**
>
> 그는 러시아어를 잘 알고 있었습니다.

단어

русский язык 러시아어

купить 구매하다, 사다

сувенир 기념품

сегодня 오늘

солнце 해, 태양

встать 일어나다

очень 무척, 매우

рано 일찍

долго 오래

гулять 산책하다

по парку 공원을 따라

① **Он уже (читать) эту книгу.**

→ _____

그는 이미 이 책을 읽었습니다.

② **Таня (купить) сувенир.**

→ _____

따냐는 기념품을 샀습니다.

③ **Сегодня солнце (встать) очень рано.**

→ _____

오늘 해가 매우 일찍 떴습니다.

④ **Они долго (гулять) по парку.**

→ _____

그들은 오랫동안 공원을 따라 걸었습니다.

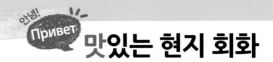  

맛있는 현지 회화

 회화 듣기 ◉ Track 11-06　　 따라 말하기 ◉ Track 11-07

☀ 주현이가 이르쿠츠크의 한 호텔에 들어갔습니다.

호텔 직원
도브로예　　우뜨라　　밤　　누쳰　　노메르
Доброе утро!　Вам нужен номер?

주현
니옛　야　우줴　　　자브라니라발
Нет, я уже забронировал.

호텔 직원
하라쇼　　따그다　다이쩨　　빠스뽀르트
Хорошо.　Тогда дайте паспорт.

주현
봇　　빠좔루이스따
Вот, пожалуйста.

◉ Track 11-08

단어

- **Доброе утро!** 좋은 아침입니다!
- **номер** 번호, 객실
- **забронировал** 예약했다[원형 **забронировать**]
- **паспорт** 여권

- **вам** 당신에게[2인칭 여격]
- **нет** 아니요
- **вот** 여기

- **нужен** 필요하다, 필요로 하다
- **уже** 이미, 벌써
- **хорошо** 좋아요[긍정의 대답]

116

호텔 직원 좋은 아침입니다! 방 필요하세요?

주현   아니요, 이미 예약했어요.

호텔 직원 좋아요. 그럼 여권을 주세요.

주현   여기 있습니다.

🍇 **맛있는 회화 TIP**

호텔 필수 단어

침대	1인실	2인실	드라이어
꼬라바찌 **кровать**	노메르 나 **номер на** 아드나보 **одного**	노메르 나 **номер на** 드바이흐 **двоих**	펜 **фен**
수건	비누	샴푸	린스
빨라쩬쩨 **полотенце**	밀라 **мыло**	샴뿐 **шампунь**	깐지찌아녜르 **кондиционер**
바디워시	슬리퍼	칫솔	치약
겔 들랴 두샤 **гель для душа**	따빠취끼 **тапочки**	주브나야 쇼뜨까 **зубная щётка**	주브나야 빠스따 **зубная паста**

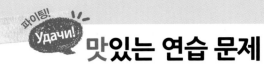

맛있는 연습 문제

1 다음 뜻에 맞게 단어를 하나씩 골라 문장을 만들어 보세요.

ей	нужна	пальто
вам	нужен	ложка
мне	нужно	телефон

*힌트
• пальто 외투
• ложка 숟가락
• телефон 휴대폰

① 그녀는 외투가 필요해요. → _____

② 당신은 숟가락이 필요한가요? → _____

③ 나는 휴대폰이 필요해. → _____

2 다음 문장의 동사를 과거형으로 바꾸어 써보세요.

① **Я читаю книгу.** → _____

② **Он смотрит телевизор.** → _____

③ **Она говорит по-корейски.** → _____

3 다음 문장을 바르게 고쳐 보세요.

① **Он нужен билет.** → _____

② **Мне нужна отдых.** → _____

③ **Они купил матрёшку.** → _____

*힌트
• телевизор 텔레비전   • по-корейски 한국어로   • отдых 휴식

역사의 숨결이 깃든
이르쿠츠크의 건축물

유네스코의 동네!

이르쿠츠크는 원래 근교에 위치한 바이칼호로 가장 유명하지만, 도시 중심지로 가면 이곳 자체가 유네스코에 등재되어 있는 만큼 역사가 깊고 아름다운 건물들이 많답니다. 정부에서 보호하고 있는 지역이기 때문에 300년이 넘는 역사를 가진 건축물도 보존되어 있어 시베리아의 역사를 고스란히 느낄 수 있습니다.

옛 숨결이 그대로!

뿐만 아니라 이 도시의 시작점이라 할 수 있는 스파스카야 교회(Спасская церковь)를 비롯해 도심에 위치한 안가라강 공원, 러시아 17~19세기 상인들의 집, 교회, 성당, 서민들이 살던 일반 가정집 등이 그대로 남아 있답니다. 시베리아 한가운데 있는 바이칼호와 여러 강이 만나는 지역에 위치한 이르쿠츠크는 숲이 우거져 있어서, 이곳 사람들은 옛날부터 나무로 집을 지었습니다. 그래서 지금까지도 러시아 전통 집인 이즈바(изба)를 곳곳에서 볼 수 있죠. 이색적인 도시를 거닐면서 예쁜 사진을 찍기에 좋겠죠?

역사 탐구의 재미가 쏠쏠해요!

안가라 강변에서는 알렉산드르 3세의 동상도 볼 수 있습니다. 알렉산드르 3세 동상은 20세기 초반에 세워졌다가 소련이 들어서면서 철거됐지만, 이후 다시 복구되어 이제는 도시의 유명한 명소 중 하나로 자리잡았습니다. 바로 이 알렉산드르 3세가 시베리아 횡단 철도 건설을 지시한 러시아 황제랍니다. 이르쿠츠크 지역을 여행하신다면 역사적 의미를 가진 건축물들을 찾아가며 둘러보는 건 어떨까요?

DAY 12 날씨 말하기

- -

홀러드나   누쥐나   아제짜   찌쁠로

Холодно, нужно одеться тепло.
춥네요, 따뜻하게 입어야 해요.

지난 학습 **다시 보기**

밤   누줸   노몌르
◆ **Вам нужен номер?**

방 필요하세요?

> 「여격+нужен+명사」는 '(여격)에게
> (명사)가 필요하다'라는 뜻이에요.

야   우줴   자브라니라발
◆ **Я уже забронировал.**

이미 예약했어요.

> 러시아어 동사의 과거형은 동사원형에서
> -ть를 빼고 남성 -л, 여성 -ла, 중성 -ло,
> 복수 -ли를 붙여서 만들어요.

스토리 미리 듣기   Track 12-01

TODAY 스토리 회화

주현이와 따냐가 이르쿠츠크 날씨에 대해 이야기하고 있습니다.
어떤 이야기를 나누는지 살펴볼까요?

TODAY 학습 포인트

✫ нужно+동사원형
✫ 소유 표현
✫ 생격

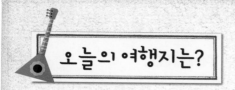

Post Card

이르쿠츠크 도심을 가로지르는 안가라 강변 (набережная Ангары)은 이 도시에 사는 시민들과 관광객들이 가장 좋아하는 이르쿠츠크 관광 명소 중 하나입니다. 개보수를 거쳐 현재의 모습이 되었지만, 원래 안가라 강변이 자리잡은 곳은 역사적인 의미가 깊은 곳입니다. 오래 전부터 배들이 드나드는 항구 역할을 하면서 이르쿠츠크가 여기서부터 시작했다고 해도 과언이

아니죠. 강변을 따라 걷다 보면 알렉산드르 3세 동상이 있고 모스크바 개선문(Московские ворота)도 볼 수 있습니다. 특히 해질녘 안가라강의 모습은 아주 아름다워 수많은 사람들이 이 시간에 안가라 강변을 찾기도 하죠.

핵심 문법

동영상 강의

TODAY

15

홀러드나   누쥐나   아제쨔   찌쁠로

Холодно, нужно одеться тепло.

춥네요, 따뜻하게 입어야 해요.

16

우   미냐   니옛   쬬쁠러이   아제쥐듸

У меня нет тёплой одежды.

전 따뜻한 옷이 없어요.

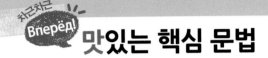

맛있는 핵심 문법

Track 12-02

15

홀러드나　　　누쥐나　　　아제쨔　　　찌쁠로

Холодно, нужно одеться тепло.

춥네요, 따뜻하게 입어야 해요.

✓ '〜해야 한다' **нужно**+동사원형

앞서 배운 「нужен/-на/-но/-ны+명사」는 '어떤 것을 필요로 하다'는 뜻이고, 「нужно+동사원형」은 '어떤 행위를 해야 한다'는 뜻입니다. 「нужен/-на/-но/-ны」는 뒤에 오는 명사의 성, 수, 격과 일치시켜야 하지만, нужно는 형태 변화가 없습니다. 다만, 뒤에 반드시 동사원형이 온다는 것을 꼭 기억하세요!

여격 + нужен/-на/-но/-ны + 명사 : 여격에게 명사가 필요하다

여격 + нужно + 동사원형 : 여격은 동사해야 한다

> 므녜　　누쥔　　옷듸흐
> **예** Мне нужен отдых. 나에게는 휴식이 필요합니다.
>
> 므녜　　누쥐나　　앗다흐누찌
> Мне нужно отдохнуть. 나는 쉬어야 합니다.
>
> 이무　　누쥐나　　노바야　　쑴까
> Ему нужна новая сумка. 그에게는 새 가방이 필요합니다.
>
> 이무　　누쥐나　　꾸삐찌　　노부유　　쑴꾸
> Ему нужно купить новую сумку. 그는 새 가방을 사야 합니다.

'〜가 필요하지 않다'고 부정형으로 표현하고 싶을 때에는 нужен/-на/-но/-ны 앞에 не를 붙이면 됩니다.

> 므녜　　니　　누쥔　　옷듸흐
> **예** Мне не нужен отдых. 나에게는 휴식이 필요하지 않습니다.
>
> 므녜　　니　　누쥐나　　앗다흐누찌
> Мне не нужно отдохнуть. 나는 쉴 필요가 없습니다.
>
> 이무　　니　　누쥐나　　노바야　　쑴까
> Ему не нужна новая сумка. 그에게는 새 가방이 필요 없습니다.
>
> 이무　　니　　누쥐나　　꾸삐찌　　노부유　　쑴꾸
> Ему не нужно купить новую сумку.
> 그는 새 가방을 살 필요가 없습니다.

단어

- **холодно** 춥다
- **одеться** (옷을) 입다
- **тепло** 따뜻하게
- **отдых** 휴식
- **отдохнуть** 쉬다, 휴식을 취하다
- **купить** 구매하다, 사다
- **новый** 새로운
- **сумка** 가방

◄━ 실력 다지기 1 ━►

▶ 주어진 단어를 활용하여 **|보기|**와 같이 '〜해야 한다'는 표현을 완성해 보세요.

|보기|

она / взять / лёгкая одежда

→ **Ей нужно взять лёгкую одежду.**

그녀는 가벼운 옷을 가져가야 해요.

단어

взять 가져가다

лёгкий 가벼운

одежда 옷

сесть на автобус
버스를 타다

подарок 선물

забронировать
예약하다

ресторан 식당, 레스토랑

показать 보여 주다

паспорт 여권

① **он / сесть на автобус**

→ _____

그는 버스를 타야 해요.

② **я / купить / подарок**

→ _____

나는 선물을 사야 해요.

③ **мы / забронировать / ресторан**

→ _____

우리는 식당을 예약해야 해요.

④ **вы / показать / паспорт**

→ _____

여권을 보여 주셔야 합니다.

16

<우> <미냐> <니엣> <쪼쁠러이> <아졔쥐디>
У меня нет тёплой одежды.

전 따뜻한 옷이 없어요.

✓ 소유 표현 '~에게 ~가 있다/없다'

У + 인칭대명사(생격) + **есть** + 명사(주격) : 인칭대명사에게 명사가 있다

<우> <미냐> <예스찌> <비자>
📢 **У** меня **есть** виза. 저는 비자가 있습니다.

У + 인칭대명사(생격) + **нет** + 명사(생격) : 인칭대명사에게 명사가 없다

<우> <미냐> <니엣> <비즤>
📢 **У** меня **нет** визы. 저는 비자가 없습니다.

✓ 명사의 생격

① 인칭대명사의 생격

나	<미냐> меня	우리	<나스> нас
너	<찌뱌> тебя	너희들, 당신	<바스> вас
그 / 그녀	<이보> <이요> его / её	그들	<이흐> их

<우> <미냐> <예스찌> <미취따>
📢 **У** меня **есть** мечта. 저에게는 꿈이 있습니다.

② 일반 명사의 생격

남성	여성	중성	복수
(단어) + -а/-я	(단어) + -и/-ы	(단어) + -а/-я	(단어) + -ов/-ев
<빠르크> парк	<쑴까> сумка	<아끄노> окно	<스뚜졘띄> студенты
<빠르까> → парка 공원	<쑴끼> → сумки 가방	<아끄나> → окна 창문	<스뚜졘또프> → студентов 학생들

<우> <바스> <니엣> <리싸>
📢 **У** вас нет риса? (식당에서) 밥은 안 나오나요?

단어

тёплый 따뜻한

одежда 옷

есть ~가 있다

нет ~이 아니다, 없다

виза 비자

мечта 꿈

рис 쌀, 밥

표현 TIP

생격은 소유, 존재 부정, 의미의 한정, 이동 방향, 시간 등 다양한 용법으로 쓰이는 격입니다. 용법이 등장할 때마다 표현과 함께 암기해 두면 좋습니다.

표현 TIP

у를 포함한 대부분의 전치사 뒤에 3인칭 대명사가 올 때는 인칭대명사 앞에 н을 붙입니다.

у него 그에게
у неё 그녀에게
у них 그들에게

실력 다지기 2

▶ 주어진 단어를 활용하여 다음 그림의 소유 표현을 만들어 보세요.

① 　　　　　→ _____

나는 자동차가 있습니다.

машина

→ _____

나는 자동차가 없습니다.

단어

машина 자동차
смартфон 스마트폰
здание 건물

② 　　　　　→ _____

그는 스마트폰을 가지고 있습니다.

смартфон

→ _____

그는 스마트폰이 없습니다.

③ 　　　　　→ _____

그들은 건물이 있습니다.

здание

→ _____

그들은 건물이 없습니다.

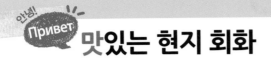 

맛있는 현지 회화

☼ 주현이와 따냐가 이르쿠츠크 날씨와 옷차림에 대해 이야기하고 있습니다.

따냐
^{홀러드나} ^{주현} ^{아지바이쌰} ^{찌쁠로}
Холодно! Чу Хён, одевайся тепло!

주현
^{노 우} ^{미냐} ^{니옛} ^{쬬쁠러이} ^{아졔쥐듸}
Но у меня нет тёплой одежды.

따냐
^{찌볘} ^{즈졔시} ^{누쥐나} ^{쬬쁠라야} ^{아졔쥐다}
Тебе здесь нужна тёплая одежда!

주현
^{다 야} ^{우쥀} ^{뽀닐}
Да, я уже понял.

Track 12-08

단어

- **холодно** 춥다
- **тепло** 따뜻하게
- **тебе** 너에게[2인칭 여격]
- **понял** 깨달았다, 이해했다[원형 понять]
- **одевайся** 입어[동사 одеваться의 명령형]
- **но** 그런데
- **здесь** 여기에
- **одежда** 옷
- **уже** 이미, 벌써

따냐	춥다! 주현아, 따뜻하게 입어!
주현	그런데 난 따뜻한 옷이 없어.
따냐	여기에서는 따뜻한 옷이 필요해.
주현	그래, 정말 그러네.

맛있는 회화 TIP

계절&날씨 관련 표현

봄	여름	가을	겨울
비스나 **весна**	례따 **лето**	오씬 **осень**	지마 **зима**
맑다	흐리다	눈이 온다	비가 온다
야스나 **ясно**	빠스무르나 **пасмурно**	이죳　스넥 **идёт снег**	이죳　도쉬지 **идёт дождь**
바람이 분다	태풍	안개	미세먼지
두엣　베떼르 **дует ветер**	따이푼 **тайфун**	뚜만 **туман**	미끄라퓔 **микропыль**

맛있는 연습 문제

1 다음 문장의 의미에 맞게 빈칸을 채우세요.

① 나는 약을 사야 해.

→ _____ _____ **купить лекарство.**

> ***힌트**
> • лекарство 약
> • поймать 잡다
> • такси 택시

② 그녀는 택시를 잡아야 해요.

→ _____ _____ **поймать** _____.

2 다음 단어의 형태를 바꿔서 문장을 만들어 보세요.

У | **я вы она** | **нет** | **зубная паста туалетная бумага документ**

① _____.

② _____**?**

③ _____.

> ***힌트**
> • зубная паста 치약
> • туалетная бумага 휴지
> • документ 서류, 문서

3 주어진 질문에 알맞은 답을 써보세요.

A **У вас есть время?**

B **Да,** _____.

A **У них есть фотоаппарат?**

B **Нет,** _____.

> ***힌트**
> • фотоаппарат 카메라

러시아에도 여름이 있나요?

러시아에도 여름이 있어요!

간혹 '러시아는 춥기만 한 나라'라고 생각하는 사람들이 있지만, 사실 러시아에도 여름이 있답니다. 시베리아 지역에 위치한 이르쿠츠크는 겨울에는 춥고 눈이 많이 오지만 여름은 더운 편입니다. 러시아 내륙 지방은 사계절이 뚜렷하고 낮과 밤의 기온 차이가 심해서, 이 지역으로 여행을 갈 때는 날씨를 미리 잘 파악하고 옷을 준비해야 합니다. 이르쿠츠크를 여행하는 관광객 대다수는 바이칼호를 꼭 보러 가는데, 이 지역은 여름철 모기가 아주 많습니다. 그래서 한여름인 7, 8월에 여행을 하더라도 얇은 긴소매 옷을 꼭 준비해야 하죠. 모기 퇴치약이나 모기 물린 곳에 바르는 연고를 챙기는 것도 잊지 말아야 한답니다.

봄, 가을도 만만하게 보지 마세요~

여름에는 모기뿐만 아니라 낮과 밤의 기온 차도 고려해서 간단하게 걸칠 수 있는 가벼운 겉옷을 챙기는 게 좋습니다. 또 겨울은 물론, 봄이나 가을에 여행을 갈 때에는 보온이 잘 되는 따뜻한 옷과 장갑, 스카프, 신발, 모자까지 꼭 챙겨야 한답니다. 시베리아의 겨울을 처음 경험하는 사람에게 이르쿠츠크의 겨울은 견디기 힘들 정도로 추울 수도 있기 때문이죠. 얇은 소재의 운동화나 가벼운 패딩 점퍼로는 이 지역의 겨울을 견디기 힘듭니다. 간혹 방한용 옷을 제대로 챙기지 않아 여행 중에 동상을 입는 경우도 있으니 추운 계절에 이 지역을 여행할 때에는 반드시 옷차림에 단단히 신경을 써야 하죠.

사계절이 달라지는 시베리아의 매력

그렇다면 시베리아 지역을 여행하기 적절한 시기는 언제일까요? 야외 활동을 하기 좋은 시기는 늦은 봄과 여름, 그리고 이른 가을까지입니다. 따라서 이르쿠츠크 여행을 계획한다면 이 기간에 맞춰 여행을 떠나야 심한 추위를 피할 수 있답니다. 아름다운 가을빛을 즐기고 싶다면 특히 9월의 이르쿠츠크를 추천합니다. 무성한 나무들이 빨갛고 노랗게 단풍이 든 모습은 한 폭의 풍경화처럼 아름답죠. 봄에는 사진 찍기, 여름에는 사냥, 트레킹, 낚시, 가을에는 캠핑과 자연 관광, 그리고 겨울에는 겨울 스포츠를 즐길 수 있으니 취향에 따라 골라 보세요!

DAY 13 관광하기

에따　리바　예스찌　똘까　나　바이깔례
Эта рыба есть только на Байкале.
이 물고기는 바이칼호에만 있어요.

지난 학습 **다시 보기**

홀러드나　누줴나　아제쨔　찌쁠로
◆ **Холодно, нужно одеться тепло.**
춥네요, 따뜻하게 입어야 해요.

> 「여격+HУЖHO+동사원형」은 '(여격)은 (동사)해야 한다'는 뜻이에요.

우　미냐　니옛　쬬쁠러이　아졔쥐듸
◆ **У меня нет тёплой одежды.**
전 따뜻한 옷이 없어요.

> У + 인칭대명사(생격) + есть + 명사(주격) : 인칭대명사에게 명사가 있다
> У + 인칭대명사(생격) + нет + 명사(생격) : 인칭대명사에게 명사가 없다

스토리 미리 듣기　● Track 13-01

TODAY
스토리 회화
주현이와 따냐가 함께 유명한 바이칼호를 보러 왔습니다.
어떤 대화를 나누는지 함께 볼까요?

TODAY
학습 포인트
✮ 전치사 в와 на
✮ 허락을 구하는 표현

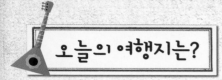
오늘의 여행지는?

Post Card

바이칼호(озеро Байкал)는 러시아에서 가장 크고 물이 깨끗한 호수입니다. 그래서 여름에 배를 타고 수면 아래를 보면 호수 바닥이 보이고, 겨울에는 맑고 투명한 얼음 조각이 만들어집니다. 바이칼호를 즐기는 관광 프로그램도 다양한데, 따뜻한 시기에는 다이빙이나 사냥, 골프 등을 즐길 수 있고, 겨울에는 언 호수 위로 수상길이 열려 스케이트를 탈 수도 있답니다. 무엇보다 바이칼호에서 러시아식 사우나 바냐(баня)를 체험해 볼 수 있고 이곳에만 있는 물고기인 오물(омуль)도 맛볼 수 있으니 꼭 여행해 보세요!

TODAY
핵심 문법

동영상 강의

17
에따 리바 예스찌 똘까 나 바이깔레
Эта рыба есть только на Байкале.
이 물고기는 바이칼호에만 있어요.

18
즈졔시 모쥐나 파따그라피라바찌
Здесь можно фотографировать?
여기서 사진 찍어도 되나요?

맛있는 핵심 문법

Track 13-02

17

에따   리바   예스찌   똘까   나   바이깔례
Эта рыба есть только на Байкале.

이 물고기는 바이칼호에만 있어요.

✓ 전치사 в와 на

단어

장소를 나타내는 전치사에는 в와 на가 있습니다. 의미에 따라 구별해서 써야 하므로 그 개념을 잘 파악해야 합니다.

в는 다음 그림과 같이 어떤 **공간 안**에 있을 때 사용

на는 다음 그림과 같이 **표면 위**에 있을 때 사용

꼬쉬까   씨짓   브   까롭께
 Кошка сидит в коробке. 고양이가 상자 안에 앉아 있습니다.

꼬쉬까   씨짓   나   까롭께
Кошка сидит на коробке. 고양이가 상자 위에 앉아 있습니다.

단어

рыба 물고기, 생선
только 오직
Байкал 바이칼호
кошка 고양이
сидеть 앉다
коробка 상자
каждый день 매일
гулять 산책하다
телефон 휴대폰
лежать 놓여 있다
цветок 꽃
стоять 서있다
стол 책상, 테이블

✓ 전치사+명사의 전치격

▷ 명사의 전치격

남성	여성	중성	복수
(단어) + -e	마지막 모음 빼고 + -e	마지막 모음 빼고 + -e	마지막 모음 빼고 + -ах/-ях
빠르크 парк 빠르께 → парке 공원	쑴까 сумка 쑴께 → сумке 가방	아끄노 окно 아끄녜 → окне 창문	스뚜젠띄 студенты 스뚜젠따흐 → студентах 학생들

표현 TIP

в 다음에 오는 단어의 처음과 두 번째 철자가 모두 자음인 경우 в 대신 во를 써야 합니다.

까쥐듸   젠   야   굴랴유   브   빠르께
Каждый день я гуляю в парке. 나는 매일 공원에서 산책을 합니다.

찔리폰   리쥣   브   쑴께
Телефон лежит в сумке. 휴대폰이 가방에 있어요.

쯔비똑   스따잇   나   스딸례
Цветок стоит на столе. 꽃은 책상 위에 있어요.

 Track 13-03

▶ |보기|에 제시된 단어를 활용하여 다음 문장을 만들어 보세요.

|보기|

в   на | кафе   диван   Сеул   стойка
(중복 사용 가능)

 단어

кафе 카페
диван 소파
Сеул 서울
стойка 카운터
пить 마시다
кофе 커피
сидеть 앉다
жить 살다
паспорт 여권

① **Я пью кофе** _____.

나는 카페에서 커피를 마십니다.

② **Она сидит** _____.

그녀는 소파에 앉아 있습니다.

③ **Мы живём** _____.

우리는 서울에 삽니다.

표현 TIP

жить의 변화형	
я	живу
ты	живёшь
он / она	живёт
мы	живём
вы	живёте
они	живут

④ **Паспорт лежит** _____.

여권은 카운터에 놓여 있습니다.

18

Здесь можно фотографировать?
즈계시 모쥐나 파따그라피라바찌

여기서 사진 찍어도 되나요?

✓ 허락을 구하는 표현 можно

'~해도 되나요?'라고 허락을 구할 때 можно를 사용하면 됩니다. можно가
'~해도 된다', '가능하다'라는 뜻이므로 「можно+동사원형」은 '~할 수 있다',
'~해도 된다'의 의미를 나타냅니다. 상황에 따라 문맥이 명확할 경우 동사원
형이 생략된 채 구어체로 Можно?로 간단히 쓰기도 합니다.

  A Здесь можно курить? 여기서 담배를 피워도 되나요?
      즈계시 모쥐나 꾸리찌
     B Да, можно. 네. 됩니다.
      다   모쥐나

     A Можно взять телефон? 휴대폰 좀 쓸 수 있을까요?
      모쥐나 브쟈찌 찔리폰
     B Да, пожалуйста. 네. 여기 있습니다.
      다   빠좔루이스따

✓ 허락과 금지의 표현

「можно+동사원형」 표현을 써서 허락을 구할 때, 가장 많이 듣게 되는 대답으
로 Да, можно(네, 됩니다)와 Да, конечно(네, 물론이죠), Да, пожалуйста
(네, 그러세요)가 있습니다.

허락을 구하는 표현에 대한 대답으로 '안 된다'고 말하고 싶을 때에는 Нет,
нельзя(아니요, 안 됩니다)를 씁니다. '~하면 안 된다'라는 금지의 표현을 할
때에는 「нельзя+동사원형」으로 말하면 됩니다.

     A Здесь можно курить? 여기서 담배를 피워도 되나요?
      즈계시 모쥐나 꾸리찌
     B Нет, нельзя. 아니요. 안 됩니다.
      니옛   닐쟈

     В музее нельзя фотографировать.
      브 무제예 닐쟈 파따그라피라바찌
     박물관에서는 사진을 찍으면 안 됩니다.

단어

- здесь 여기에서
- фотографировать
  사진을 찍다
- курить (담배를) 피우다
- взять 가져가다
- телефон 휴대폰
- музей 박물관

표현 TIP

можно라는 표현은 특
별한 동사를 동반하지
않고도 여러 가지 맥락
에서 허락을 구하는 표
현으로 쓰이는데, 특히
문 앞에서 노크를 하면
서 Можно?라고 물으
면 '들어가도 되나요?'라
는 뜻이 됩니다.

Track 13-05

실력 다지기 2

▶ 우리말을 참고하여 대화를 완성해 보세요.

① A _____ _____ **?**

　　들어가도 되나요?

　 B _____, _____ **.**

　　네, 들어오세요.

② A _____ _____ **еду в номере?**

　　객실 안에서 음식을 만들어 먹어도 되나요?

　 B _____, _____ **.**

　　아니요, 안 됩니다.

③ A _____ _____ **твой новый**

　компьютер?

　　너의 새 컴퓨터 좀 봐도 돼?

　 B _____, _____ **.**

　　그럼, 물론이지.

단어

войти 들어가다

готовить 준비하다,
만들다

еда 음식

номер 객실

посмотреть 한번 보다,
구경하다

твой 너의

новый 새로운

компьютер 컴퓨터

맛있는 현지 회화

회화 듣기 ◎ **Track 13-06** 따라 말하기 ◎ **Track 13-07**

☀ 주현이와 따냐가 바이칼호를 구경하고 있습니다.

주현
　　오　 까까야　 발샤야　 리바
　　О! Какая большая рыба!

따냐
　　에따　 리바　 예스찌　 똘까　 나　 바이깔례
　　Эта рыба есть только на Байкале.

주현
　　아　 즈졔시　 모쥐나　 파따그라피라바찌
　　А здесь можно фотографировать?

따냐
　　까녜쉬나　 즈졔시　 프셰　 파따그라파루윳쨔
　　Конечно! Здесь все фотографируются.

주현
　　아뜰리취나　 야　 또줴　 하츄
　　Отлично! Я тоже хочу.

따냐
　　하라쇼
　　Хорошо.

◎ **Track 13-08**

 단어

- **рыба** 물고기, 생선
- **только** 오직
- **можно** ~해도 된다
- **все** 모든, 모두
- **хочу** ~하고 싶다[원형 хотеть]

- **эта** 이
- **Байкал** 바이칼호
- **фотографировать** 사진을 찍다
- **отлично** 좋았어!

- **есть** 있다, 존재하다
- **здесь** 여기에서
- **конечно** 당연하지
- **тоже** ~도, 마찬가지로

주현　오! 정말 큰 물고기다!

따냐　이 물고기는 바이칼호에만 있어.

주현　여기서 사진 찍어도 돼?

따냐　당연하지. 다들 여기에서 사진 찍어.

주현　좋았어! 나도 찍고 싶어.

따냐　그래, 좋아.

맛있는 회화 TIP

매너 있게 허락을 구해 볼까요?

상황 1　비행기나 기차 등에서 친구와 좌석이 떨어져 있어 자리를 바꾸고자 부탁할 때

Извините, можно поменяться местами? 자리를 바꿔도 될까요?

상황 2　극장이나 공연장 등에서 좁은 좌석 사이를 지나가야 할 때

Извините, можно пройти? 지나가도 될까요?

상황 3　시장이나 백화점에서 물건 등을 사기 전 가까이에서 직접 살펴보고 싶을 때

Извините, можно посмотреть поближе? 물건 좀 가까이서 (자세히) 봐도 돼요?

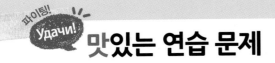
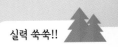

맛있는 연습 문제

1 녹음을 듣고 보기 에 제시된 단어를 사용하여 질문에 답해 보세요.

보기	сумка	Пусан	университет

① _____

열쇠는 가방에 있습니다.

② _____

나는 부산에 삽니다.

③ _____

그는 러시아어를 대학교에서 배웠습니다.

*힌트

- Пусан 부산
- университет 대학교
- ключ 열쇠
- учить 배우다, 공부하다
- сувенир 기념품
- стол 책상, 테이블

2 주어진 의미가 되도록 빈칸에 알맞은 단어를 넣어 대화를 완성해 보세요.

A Здесь _____ **купить** _____?

여기서 기념품을 살 수 있나요?

B _____, _____.

네, 가능합니다.

3 다음 사진을 보고 빈칸에 들어갈 알맞은 전치사를 쓰세요.

①

②

Я живу _____ **Сеуле.**   **Кошка** _____ **столе.**

러시아 지하철에서는
사진을 찍으면 안 된다?

여행을 떠나기 전 에티켓도 챙겨요!

러시아 공공장소에서 지켜야 할 매너에는 어떤 것들이 있을까요? 대중교통이나 극장, 영화관처럼 사람이 많이 모이는 장소에서는 지나치게 큰 목소리로 대화하는 것을 자제하는 것이 좋습니다. 물론 당연히 지켜야 하는 에티켓 중에 하나지만, 여행을 하다 보면 깜빡할 수 있으니 주의를 기울이는 게 좋겠죠. 특히 러시아 사람들은 극장에서 발레 등의 공연을 볼 때 대화는 물론 기침 소리나 작은 부스럭거림 등도 주변 사람에게 폐를 끼치는 행동으로 여깁니다. 주변 사람들이 온전히 공연에 집중할 수 있도록 배려하는 마음이겠죠.

팁 문화도 잊지 마세요!

러시아의 카페나 식당에서도 우리나라와 마찬가지로 너무 큰 소리로 떠드는 것은 좋지 않은 행동이라 여겨집니다. 러시아에서는 식사를 마친 후 테이블에 식기와 수저를 그냥 놓고 나가는 것이 일반적인데, 러시아 문화에서는 손님이 식사한 그릇을 스스로 치우는 것은 실례라고 생각한답니다. 음식값을 계산할 때도 계산대로 가는 것이 아니라 종업원을 불러 'Счёт, пожалуйста!'라고 말하면서 계산서를 요청하는 것이 자연스럽습니다. 또한 우리나라에는 없는 팁 문화가 있으니, 식당뿐 아니라 술집, 미용실에서도 총 금액의 10% 정도에 해당하는 금액을 팁으로 주는 것이 매너입니다.

'사진 촬영 금지' 문구를 조심하세요!

여행을 하다 보면 '남는 건 사진이다'라는 생각으로 곳곳을 찍어 두고 싶어지는데, 러시아에서는 국가가 운영하는 기관, 조직, 구역 등에서는 사진 촬영이 금지되어 있습니다. 공항 여권 검사대, 구청이나 주민센터 안, 경찰서나 병원 등은 물론, 국영인 지하철역 등에서 소란스럽게 사진 촬영을 하면 안 됩니다. 모스크바나 페테르부르크는 지하철역이 예쁘기로 유명하지만 안에서 무분별하게 사진을 찍다가는 벌금을 내야 할 수도 있으므로 주의해야 합니다. 이 밖에 다른 장소에서도 'Фотографировать запрещено(사진 촬영 금지)'라는 문구를 발견한다면 카메라를 꺼내지 않는 것이 좋습니다.

DAY 14 날짜와 시간 물어보기

씨보드냐 스리다
Сегодня среда.
오늘은 수요일입니다.

지난 학습 다시 보기

에따 리바 예스찌 똘까 나 바이깔레
◆ **Эта рыба есть только на Байкале.**

이 물고기는 바이칼호에만 있어요.

> 러시아어에서 가장 중요한 전치사는 в와 на예요.
> '~에서'라는 표현은 「в/на+전치격」으로 써요.

조제시 모쥐나 파따그라피라바찌
◆ **Здесь можно фотографировать?**

여기서 사진 찍어도 되나요?

> '~해도 되나요?'라는 의미로 허락을 구하는
> 표현은 「Можно+동사원형?」을 써요.

스토리 미리 듣기 Track 14-01

TODAY 스토리 회화

주현이는 블라디보스토크에 가기 위해 기차표를 사러 역에 왔습니다.
시간 표현을 어떻게 하는지 살펴볼까요?

TODAY 학습 포인트

★ 요일 묻고 답하기
★ 시간 표현

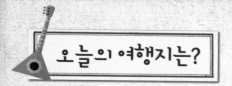

Post Card

시베리아 횡단 철도가 건설되던 시기에 철도를 따라 각 도시마다 기차역도 만들어졌습니다. 그래서 지금도 시베리아 횡단 열차를 타고 여행을 하다 보면 19세기 당시에 건설된 기차역의 모습들을 구경할 수 있는데, 이르쿠츠크(Иркутск) 기차역도 마찬가지입니다. 20세기 들어 몇 차례 리모델링을 거치긴 했지만 외관은 여전히 19세기 모습 그대로랍니다. 다만 내부는 100주년을 맞아 새 단장을 거친 후 현대적인 모습으로 변신했죠. 이 시대에 지어진 다른 건물들과 마찬가지로 이르쿠츠크 기차역 역시 러시아 국보로 지정되어 있습니다.

동영상 강의

TODAY
핵심 문법

19
씨보드냐　　　　스리다
Сегодня среда.
오늘은 수요일입니다.

20
뽀예즈드　　　앗쁘라블랴옛쨔　　브　취띄레　　취싸
Поезд отправляется в четыре часа.
기차는 4시에 출발합니다.

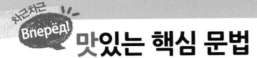

맛있는 핵심 문법

◉ Track 14-02

19

씨보드냐 스리다
Сегодня среда.

오늘은 수요일입니다.

✓ **요일 дни недели, 월 месяц**

단어

день недели 요일

월요일	빠니젤닉 понедельник	월요일에	브 빠니젤닉 в понедельник
화요일	프또르닉 вторник	화요일에	바 프또르닉 во вторник
수요일	스리다 среда	수요일에	브 스레두 в среду
목요일	취뜨베르크 четверг	목요일에	브 취뜨베르크 в четверг
금요일	빠뜨니짜 пятница	금요일에	브 빠뜨니쭈 в пятницу
토요일	수보따 суббота	토요일에	브 수보뚜 в субботу
일요일	바스끄리쎄니예 воскресенье	일요일에	브 바스끄리쎄니예 в воскресенье

* '~요일에'라는 표현을 할 때는 「전치사 **в**+대격」 형태로 씁니다.

까꼬이 씨보드냐 젠 니젤리
ⓐ A Какой сегодня день недели? 오늘은 무슨 요일인가요?

씨보드냐 빠뜨니짜
B Сегодня пятница. 오늘은 금요일입니다.

1월	2월	3월	4월
인바리 январь	피브랄 февраль	마르트 март	아쁘렐 апрель
5월	6월	7월	8월
마이 май	이윤 июнь	이율 июль	아브구스트 август
9월	10월	11월	12월
씬쨔브리 сентябрь	악쨔브리 октябрь	나야브리 ноябрь	지까브리 декабрь

* '~월에'라는 표현을 할 때는 「전치사 **в**+전치격」 형태로 씁니다.

표현 TIP

러시아어의 요일 명칭의 속뜻을 알면 더 쉽게 외울 수 있습니다. понедельник(월요일)은 по(~마다)와 неделя(일주일)가 합쳐져 만들어진 단어로, '매주 돌아오는 날'이라는 뜻입니다. вторник(화요일)은 второй(두 번째)라는 어원에서 나온 명칭으로, '한 주의 두 번째 날'이라는 뜻입니다. среда(수요일)는 середина(가운데)라는 어원과 관련이 있으며 '한 주의 가운데 날'이라는 뜻입니다. 실제로 월요일에서 금요일까지의 평일 중 가운데 날에 해당하죠. четверг(목요일)는 четвертый(네 번째)라는 의미, пятница(금요일)는 пятый(다섯 번째)라는 의미가 있답니다. суббота(토요일)는 성경에서 '일주일 중 마지막 날'이라는 의미를 지니고 있으며, воскресенье(일요일)는 '부활'이라는 뜻을 지닌 명칭입니다.

◄━[실력 다지기 1]━►

◎ Track 14-03

▶ 우리말을 참고하여 대화를 완성해 보세요.

① **A Какой сегодня _____ недели?**

오늘이 무슨 요일이죠?

B Сегодня _____.

오늘은 목요일입니다.

② **A Какой _____ был день недели?**

어제가 무슨 요일이었나요?

B _____ был _____.

어제는 월요일이었습니다.

③ **A В каком _____ ты планируешь поехать в отпуск?**

휴가를 몇 월에 떠날 예정이니?

B Наша семья обычно ездит в отпуск в _____.

우리 가족은 보통 8월에 휴가를 떠나.

단어

неделя 한 주
быть ~이 되다
планировать 계획하다
поехать (교통수단을 타고) 가다
отпуск 휴가
семья 가족
обычно 보통, 대개
ездить (교통수단을 타고) 다니다

🎧 표현 TIP

어제	오늘	내일
вчера	сегодня	завтра
지난주	이번 주	다음 주
прошлая неделя	эта неделя	следующая неделя
지난달	이번 달	다음 달
прошлый месяц	этот месяц	следующий месяц
작년	올해	내년
прошлый год	этот год	следующий год

* '~주에'라는 표현은 「전치사 **на**+전치격」, '~년에', '~월에'라는 표현은 「전치사 **в**+전치격」의 형태로 씁니다.

DAY 14 오늘은 수요일입니다. **143**

20
뽀예즈드　앗쁘라블랴옛짜　브　취띠례　취싸
Поезд отправляется в четыре часа.

기차는 4시에 출발합니다.

✓ 시간 표현

러시아어로 시간을 표현할 때, 우리말처럼 '몇 시 몇 분'으로 말하는데, 이때 '시'는 час, '분'은 минута로 표현합니다. 다만 다음 표와 같이 숫자에 따라 그 형태가 변화한다는 점을 꼭 기억해야 합니다.

поезд 기차

отправляется 출발하다[원형 **отправляться**]

время 시간

пойдём 가자 [원형 **пойти**]

бар 바(bar)

	1	2, 3, 4	5 이상
시	챠스 **час**	취싸 **часа**	취쏘프 **часов**
분	미누따 **минута**	미누띄 **минуты**	미누트 **минут**

▷ 1시~12시 표현

1시	2시	3시	4시	5시	6시	7시	8시
아진 **(один)** 챠스 **час**	드바 **два** 취싸 **часа**	뜨리 **три** 취싸 **часа**	취띠례 **четыре** 취싸 **часа**	빠찌 **пять** 취쏘프 **часов**	쉐스찌 **шесть** 취쏘프 **часов**	쎔 **семь** 취쏘프 **часов**	보씸 **восемь** 취쏘프 **часов**

9시	10시	11시	12시
제비찌 **девять** 취쏘프 **часов**	제시찌 **десять** 취쏘프 **часов**	아진낫쩌찌 **одиннадцать** 취쏘프 **часов**	드비낫쩌찌 **двенадцать** 취쏘프 **часов**

표현 TIP

'1시'를 말할 때에는 숫자 표현을 생략합니다. 따라서 один час가 아니라, час라고 표현합니다.

문화 TIP

아침에 일찍 일어나서 활동하는 사람들을 가리켜 '아침형 인간'이라고 하죠? 러시아어로 '아침형 인간'은 '종달새'라는 뜻의 жаворонок라고 표현합니다. 그 반대의 사람들은 '올빼미'라는 뜻의 сова라고 부릅니다.

시간을 물을 때는 Сколько сейчас времени?(지금이 몇 시입니까?)라고 말합니다. '몇 시에'라고 말할 때는 시간 표현 앞에 전치사 в를 붙이면 됩니다.

스꼴까　씨챠스　브례메니
A Сколько сейчас времени? 지금이 몇 시입니까?

씨챠스　드바　취싸　빠찌　미누트
B Сейчас два часа пять минут. 지금은 2시 5분입니다.

빠이죰　브　바르　브　제시찌
Пойдём в бар в десять? 10시에 바에 갈래?

Track 14-05

실력 다지기 2

▶ 다음 |보기|와 같이 시간을 읽어 보세요.

|보기|

02:30 → два **часа** тридцать **минут**

① 04:15 → _____

② 10:20 → _____

③ 07:50 → _____

④ 11:40 → _____

표현 **TIP**

아침	낮	저녁, 밤
утро	день	вечер
밤, 새벽	오전	오후
ночь	до обеда	после обеда

안녕!
Привет

맛있는 현지 회화

회화 듣기 Track 14-06   따라 말하기 Track 14-07

☀ 주현이가 이르쿠츠크 기차역에서 운행 시간표를 보고 있습니다.

주현
씨보드냐   스리다   다
Сегодня среда, да?

역무원
다   베르나   씨보드냐   스리다
Да, верно. Сегодня среда.

주현
까그다   앗쁘라블랴옛쨔   뽀예즈드
Когда отправляется поезд?

역무원
뽀예즈드   앗쁘라블랴옛쨔   브   취띠례   취싸
Поезд отправляется в четыре часа.

주현
다이쩨   빠좔루이스따   아진   빌롓
Дайте, пожалуйста, один билет.

Track 14-08

단어

- **сегодня** 오늘
- **когда** 언제
- **поезд** 기차
- **один** 하나, 한 개
- **среда** 수요일
- **отправляется** 출발하다[원형 отправляться]
- **четыре** 4, 넷
- **билет** 티켓, 표
- **верно** 확실하다, 명백하다
- **часа** 시간, 시[원형 час]

주현	오늘 수요일이죠?
역무원	네, 맞습니다. 오늘은 수요일이에요.
주현	기차는 언제 출발하나요?
역무원	기차는 4시에 출발합니다.
주현	표 한 장 주세요.

🫐 맛있는 회화 TIP

누가 언제 어디서 무엇을 어떻게 왜?!

질문을 할 때 좀 더 구체적으로 하고 싶다면 의문사를 사용해 보세요. 육하원칙에 해당하는 질문을 할 수 있습니다. 누가(кто), 언제(когда), 어디서(где), 무엇을(что), 어떻게(как), 왜(почему)를 문장 맨 앞에 쓰면 된답니다. 예를 들어, '화장실이 어디입니까?'라는 표현은 Где туалет?, '왜 늦었니?'라는 표현은 Почему ты опоздал?와 같이 쓸 수 있습니다.

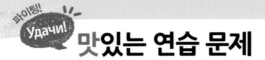

맛있는 연습 문제

1 녹음을 듣고 빈칸을 채워 문장을 완성하세요.

① **Наш поезд отправляется** _____ _____.

② **Концерт начинается**

_____ _____ _____ _____.

*힌트

• **отправляться**
  출발하다

• **концерт** 콘서트

• **начинаться** 시작하다

2 다음 그림을 보고 러시아어로 때를 나타내는 표현을 써보세요.

① 04:40

② 5월

③ Thu
목

_____   _____   _____

3 주어진 의미가 되도록 빈칸에 알맞은 단어를 넣어 대화를 완성해 보세요.

A **А! Во сколько у нас _____ самолёт?**

참! 우리 내일 비행기는 몇 시지?

B **В десять _____ двадцать _____ _____.**

아침 10시 20분이야.

A **А не в десять часов двадцать минут _____?**

밤 10시 20분 아니야?

B **_____, точно _____.**

아니, 아침이 맞아.

*힌트

• **самолёт** 비행기

• **точно** 정확하다, 정확히

시베리아의 역사

넓은 영토, 적은 인구

시베리아는 러시아 전체 영토의 77%를 차지합니다. 시베리아 지역의 면적만 두고 봐도 우리나라보다 약 130배나 더 넓죠. 하지만 시베리아 인구는 3천 6백만 명(러시아 전체 인구의 22% 내외)밖에 되지 않습니다. 땅은 광활하지만 역사적인 이유와 혹독한 기후 환경 때문에 사람이 많이 살지 못하는 것이죠. 시베리아 지역에서 가장 큰 도시는 노보시비르스크(Новосибирск)이고 인구는 150만 명입니다. 시베리아에는 아직까지 도로가 없어 비행기를 타야만 갈 수 있는 동네가 많답니다.

'시베리아'의 어원

시베리아(Сибирь)라는 단어의 어원에 대한 논의는 아직도 이루어지고 있는 중이지만, 가장 유력한 설은 이 땅에서 옛날부터 살아 온 소수 민족의 이름에서 따온 것이라는 설명입니다. 러시아 서부에 위치한 모스크바에서 시베리아쪽으로 모험가 및 연구자들이 진입하기 시작한 시기는 14~15세기부터인데, 이들이 진입 도중 만나는 소수 민족이 스스로 지은 명칭에 따라 이 땅의 지명을 '시베리아'라고 짓게 되었다고 합니다. 18세기부터 본격적으로 시베리아 지역이 개척되었고 19세기 말부터는 시베리아 횡단 철도가 건설됨에 따라 유라시아 대륙 동쪽 끝도 러시아가 지배하게 되었습니다.

발전하는 시베리아

소련 정권 시절, 시베리아는 마치 수용소를 연상케 하는 모습이었습니다. 사람이 견디기 힘들 정도로 겨울에는 춥고, 늪이 많아 벌레들이 많이 서식하는 지역으로 악명 높아 죄수 노동을 이용하여 지역 개발을 강행했죠. 특히 극북 지역에는 지금도 군부대를 제외하고는 사람이 사는 도시가 거의 없습니다. 하지만 최근 들어 인프라가 개선되면서 알타이산맥과 바이칼호 부근, 아쿠티야 공화국 국립공원 등이 친환경 관광 코스로 각광받고 있습니다. 러시아 사람뿐만 아니라 외국인 관광객에게도 인기가 높아지고 있죠.

셋째 주 다시 보기 DAY 11-14

이번 주 학습 내용

DAY 11

핵심 문법 13 '~에게 ~가 필요하다' 표현

밤　　　　누쉔　　　　노몌르
Вам нужен номер?

방 필요하세요?

└「여격+нужен+명사」는 '(여격)에게 (명사)가 필요하다'라는 뜻이에요.

핵심 문법 14 과거 표현

야　우쒜　　　　자브라니라발
Я уже забронировал.

이미 예약했어요.

└ 러시아어 동사의 과거형은 동사원형에서 -ть를 빼고 남성 -л, 여성 -ла, 중성 -ло, 복수 -ли를 붙여서
만들어요.

DAY 12

핵심 문법 15 '~해야 한다' 표현

흘러드나　　　　누쥐나　　　아제쨔　　　찌쁠로
Холодно, нужно одеться тепло.

춥네요, 따뜻하게 입어야 해요.

└「여격+нужно+동사원형」은 '(여격)은 (동사)해야 한다'는 뜻이에요.

핵심 문법 16 소유 표현

우　미냐　　니옛　쬬쁠러이　　아제쥐듸
У меня нет тёплой одежды.

전 따뜻한 옷이 없어요.

└ у+인칭대명사(생격)+есть+명사(주격) : 인칭대명사에게 명사가 있다
у+인칭대명사(생격)+нет+명사(생격) : 인칭대명사에게 명사가 없다

Удачи!

1 다음 문장을 바르게 고쳐 보세요.

① Я нужна машина.

▷ _____

② Ему нужно книга.

▷ _____

③ Вам нужны лекарство?

▷ _____

④ Ей не нужен пальто.

▷ _____

2 다음 중 문맥상 알맞은 동사를 골라 과거형으로 바꿔서 문장을 완성하세요.

встать   гулять   купить   делать

*힌트

• раньше 이전에, 예전에
• зарядка 체조

① Я _____ сувенир вчера.

② Эмили сегодня _____ очень рано и долго _____ по парку.

③ Раньше Саша _____ зарядку каждый день.

3 괄호 안의 단어들을 올바른 형태로 써서 대화를 완성하세요.

*힌트

• шапка 모자

A Я не знал, что в Иркутске так холодно!
(Я / нужен) купить тёплую одежду!

B Зачем? (Я / есть) тёплая одежда, я тебе дам.

A Но у меня нет (шапка) тоже! А ещё мне (нужен) новая сумка.

B Хорошо, пойдём. (Я) тоже нужна шапка, очень холодно!

DAY 13

 핵심 문법 17 | **'~에' 표현**

에따　리바　예스찌　똘까　나　바이깔례
Эта рыба есть только на Байкале.

이 물고기는 바이칼호에만 있어요.

ㄴ 러시아어에서 가장 중요한 전치사는 в와 на예요. '~에서'라는 표현은 「в/на+전치격」으로 써요.

 핵심 문법 18 | **허락 구하기**

즈제시　　모쥐나　　　파따그라피라바찌
Здесь можно фотографировать?

여기서 사진 찍어도 되나요?

ㄴ '~해도 되나요?'라는 의미로 허락을 구하는 표현은 「Можно+동사원형?」을 써요.

DAY 14

 핵심 문법 19 | **요일 말하기**

씨보드냐　　　스리다
Сегодня среда.

오늘은 수요일입니다.

ㄴ '오늘은 ~요일입니다'는 「Сегодня+요일」로 표현해요.

 핵심 문법 20 | **시간 표현**

뽀예즈드　　앗쁘라블랴옛쨔　　브　취띠례　　취싸
Поезд отправляется в четыре часа.

기차는 4시에 출발합니다.

ㄴ 시간을 표현할 때에는 час(시)와 минут(분)를 활용해요.

Удачи!

1   다음 중 알맞은 전치사를 골라 문장을 완성하세요.

① Я купил эту одежду (в / на) рынке.

② Деньги лежат (в / на) сумке.

③ (В / На) метро можно фотографировать?

2   녹음을 듣고 빈칸을 채워 문장을 완성하세요.

Track 15-01

> Мой день рождения уже в эту _____. Я и Эмили
> пойдём в _____. Обычно я не ем торт, но на день
> рождения _____! Я не хотел идти, но Эмили сказала,
> что день рождения _____ праздновать.

*힌트

- день рождения 생일
- ресторан 식당
- праздновать 기념하다, 축하하다

3   괄호 안의 단어들을 올바른 형태로 써서 대화를 완성하세요.

① A Когда ты поедешь в Россию?

  B Я поеду в Россию (эта среда).

② A Как ты приехал на рынок?

  B Я приехал (автобус).

RUSSIA

✦ 우리만 알고 있는 러시아 이야기

공휴일&기념일

📷 **Новый год** : 양력설, 12월 31일~1월 1일

우리나라와 마찬가지로 한 해의 시작을 기리는 첫 명절입니다. 1월 1일을 시작으로 1월 7일인 크리스마스까지 약 일주일간 휴일이 이어집니다. 우리나라에서는 보신각의 종소리를 들으며 새해를 맞이하죠? 러시아 사람들은 크렘린 타워의 시계탑의 종소리를 들으며 새해 첫날을 기념한답니다. 각 가정과 지역마다 다양한 전통이 있지만 대부분의 국가들처럼 가족끼리 모여 푸짐하게 상을 차려 놓고 샴페인을 즐기는 건 비슷하답니다. 또 새해 첫날 편성되는 특별 프로그램을 보면서 가족끼리 시간을 보내는 것도 빠질 수 없겠죠?

📷 **Рождество Христово** : 크리스마스, 1월 7일

러시아에서는 특이하게도 '1월의 크리스마스'를 보냅니다. 가톨릭이나 개신교보다 정교회 신자가 많기 때문인데요. 세계적으로 사용되는 '그레고리력' 대신 초기 교회에서 쓰이던 '율리우스력'을 사용하기 때문에 13일의 차이가 나게 돼서 그렇답니다. 크리스마스에는 도시마다 커다란 트리와 함께 크리스마스 시장이 열리는데, 이 기간에 러시아를 방문한다면 크리스마스 마켓에 가보는 건 어떨까요? 스케이트장이 마련되기도 하고 다양한 공연도 구경할 수 있어서 동네 주민뿐만 아니라 관광객들도 많이 몰린답니다.

📷 8 марта(Международный женский день)
: 세계 여성의 날, 3월 8일

3월 8일은 세계 여성의 날로, 특히 러시아에서 큰 기념일로 여겨집니다. 러시아 인들이 참 좋아하는 인기 있는 기념일 중 하나인데, 이날 남성들이 애인이나 아내에게 꽃다발을 선물하거나 근사한 곳에서 식사를 하며 데이트를 즐기기도 하고 공연을 보러 가기도 한답니다. 이렇게 낭만적으로 보내는 날이기 때문에 러시아 여성들이 가장 좋아하는 기념일이죠. 꼭 아내나 여자 친구가 아니더라도 이날은 러시아 남성들이 어머니, 딸, 친구, 직장 동료 등 주변의 여성들을 챙겨 주고 축하하는 날이랍니다.

📷 День Победы : 전승기념일, 5월 9일

러시아에서 5월 9일은 전승기념일입니다. 이날은 소련이 나치 독일을 상대로 승리를 거둔 것을 기념하는 날이죠. 전승기념일에는 화려한 기념 행사가 대규모로 열립니다. 특히 모스크바와 상트페테르부르크에서 가장 성대하게 행사가 치러지는데, 전승 기념 퍼레이드가 펼쳐지기도 하고 훈장을 가슴에 단 전쟁 참가자들이 거리로 나서기도 합니다. 러시아의 전승기념일은 공휴일로 지정된 후 해제되었다가 다시 지정되었습니다. 2005년에는 노무현 대통령이 전승 기념일 행사에 참석하기도 했답니다.

현지에서 한마디!

특별한 날에는 특별한 인사를 해보세요!

_스 _{노빔} _{고덤}
С Новым годом!
새해 복 많이 받으세요!

_스 _{라쥐제스뜨봄}
С Рождеством!
메리 크리스마스!

WEEK 04

DAY 16-20

지금 블라디보스토크를 만나러 가자!

이번 주에는?

교통수단을 묻거나 현지인에게 도움을 요청할 수 있어요.

블라디보스토크

극동 러시아의 중심 도시 블라디보스토크를 여행해요.

DAY 16 독수리 전망대

다른 사람을 소개하는 표현을 익혀요.

황태자 해안로

DAY 17

교통수단 표현을 익혀 현지인처럼 여행해요.

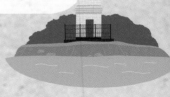

DAY 18 해양 공원

자신의 취미를
말할 수 있어요.

DAY 19 아르바트 거리

현지인에게 도움을
요청하는 표현을 익혀요.

DAY 20

러시아 문화

넷째 주 DAY 16~19 복습

DAY 16~19의 주요 학습 내용을 복습하고,
다양한 문제로 자신의 실력을 체크해 보세요.

러시아를 여행할 때 알아 두면 좋은 팁을

알 수 있어요.

DAY 16

Это твоя сестра?

이분이 너희 언니야?

지난 학습 **다시 보기**

♦ **Сегодня среда.**

오늘은 수요일입니다.

> '오늘은 ~요일입니다'는 「Сегодня+요일」로 표현해요.

♦ **Поезд отправляется в четыре часа.**

기차는 4시에 출발합니다.

> 시간을 표현할 때에는 час(시)와 минут(분)을 활용해요.

스토리 미리 듣기 Track 16-01

TODAY

스토리 회화

주현이와 에밀리가 블라디보스토크에 도착했습니다.
두 사람이 나누는 대화를 함께 살펴볼까요?

TODAY

학습 포인트

☆ 소유대명사
☆ 조격

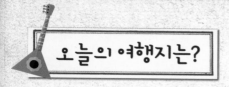

오늘의 여행지는?

독수리 전망대(Видовая площадка "Орлиное гнездо")는 블라디보스토크에서 가장 유명한 관광 명소 중 하나입니다. 도시 한복판에 위치하고 있고, 도시 전체가 한눈에 다 내려다 보이기 때문에 이름도 '독수리'로 지어졌죠. 전망대에서는 금각교를 비롯한 시내의 모습이 잘 보이는데, 특히 야경이 정말 아름답습니다. 탁 트인 시내를 배경으로 멋진 사진을 남기기 좋은 곳이죠.

독수리 전망대에 올라가면 키릴과 메포디(Кирилл и Мефодий) 동상이 세워져 있는데, 한글을 만든 세종대왕처럼 이 두 러시아 학자가 러시아어 알파벳 키릴 문자를 만들었다고 합니다. 이 동상도 한번 구경해 보세요!

TODAY 핵심 문법

동영상 강의

21 Это твоя сестра?
이분이 너희 언니야?

22 Кем она работает?
그녀는 누구로 일하나요?(그녀는 어떤 일을 하나요?)

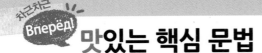

맛있는 핵심 문법

21

Это твоя сестра?

이분이 너희 언니야?

✓ 소유대명사

'누구의'라는 의문사는 **чей**입니다. 여기에 대한 대답으로 '나의', '너의' 혹은 '그들의' 등의 표현이 나올 수 있겠죠. 각 인칭에 해당하는 소유대명사는 다음 표와 같습니다. 뒤에 오는 명사의 성과 수에 맞춰 쓰면 됩니다.

단어

- **это** 이것, 이 사람
- **сестра** 언니, 누나, 여동생
- **телефон** 휴대폰
- **билет** 티켓, 표
- **пальто** 외투
- **очки** 안경

누구의	**чей** (남성)	**чья** (여성)	**чьё** (중성)	**чьи** (복수)
나의	мой	моя	моё	мои
너의	твой	твоя	твоё	твои
그의 / 그녀의	его / её			
우리의	наш	наша	наше	наши
너희(당신)의	ваш	ваша	ваше	ваши
그들의	их			

🔵 예 **Чей** это телефон? 이것은 누구의 휴대폰입니까?

Это **её** билет. 이건 그녀의 티켓입니다.

Это **моё** пальто. 이건 제 외투예요.

Это **ваши** очки? 이건 당신의 안경인가요?

▷ 가족(семья) 관련 단어

아빠	папа	엄마	мама
남편	муж	아내	жена
오빠, 형, 남동생	брат	언니, 누나, 여동생	сестра
할아버지	дедушка	할머니	бабушка
삼촌	дядя	이모, 고모	тётя

실력 다지기 1

▶ 다음 |보기|와 같이 빈칸에 알맞은 소유대명사를 쓰세요.

|보기|

Он попросил её компьютер.

그는 그녀의 컴퓨터를 빌려 달라고 부탁했어요.

단어

попросить
(빌려 달라고) 부탁하다

компьютер 컴퓨터

чемодан
여행용 가방, 캐리어

новый 새로운

штаны 바지

знать 알다

расписание 일정,
시간표

вчера 어제

видеть 보다, 만나다

брат 오빠, 형, 남동생

① **Это _____ чемодан?**

이건 당신 캐리어예요?

② **Это _____ новые штаны.**

이건 새로 산 내 바지예요.

③ **Ты знаешь _____ расписание?**

너는 그들의 일정을 알고 있니?

④ **Я вчера видел _____ брата.**

나는 어제 그의 형을 만났어요.

22

Кем она работает?

그녀는 누구로 일하나요?(그녀는 어떤 일을 하나요?)

✓ 조격 변화

Кем она работает?을 직역하자면 '그녀는 **무엇으로** 일하나요?'가 됩니다. 이처럼 '~가 되다' 혹은 '~으로(도구)' 등의 의미로 꼭 조격과 함께 써야 하는 동사에는 **работать, заниматься, быть, стать** 등이 있습니다. 각 표현에 따라 해석이 조금씩 다르다는 점을 유의해야 합니다.

남성	여성	중성	복수
-ом/-ем	-ой/-ей/-ью	-ом/-ем	-ами/-ями
билет → билетом 티켓, 표 водитель → водителем 운전수	книга → книгой 책 ночь → ночью 밤	окно → окном 창문 платье → платьем 원피스	стол → столами 책상 брат → братьями 오빠, 형, 남동생

▷ 인칭대명사의 조격

나	мной	우리	нами
너	тобой	너희들, 당신	вами
그 / 그녀	им / ей	그들	ими

● Я работаю учителем. 나는 교사로 일합니다.

Каждый день он занимается спортом.
매일 그는 운동을 합니다.

Не пишите красной ручкой. 빨간 펜으로 쓰지 마세요.

Мама живёт с нами. 엄마는 우리와 함께 살아요.

단어

работать 일하다

заниматься 공부하다, 활동하다

быть ~이 되다

стать ~이 되다

учитель 교사, 선생님

каждый день 매일

спорт 운동, 스포츠

писать 쓰다

красный 빨간색의

ручка 펜

жить 살다

с ~와 함께

문화 TIP

우리나라에서는 처음 만난 사람과의 호칭, 존댓말 등의 문제 때문에 나이를 묻는 경우가 많은데, 러시아에서는 처음 만난 사람에게 나이, 결혼 여부 등과 같이 지극히 사적인 문제에 대해 질문하는 것은 사려 깊지 못한 행동이랍니다.

■━ 실력 다지기 2 ━■

▶ 다음 |보기|와 같이 괄호 안의 단어를 조격 형태로 바꾸어 문장을 완성해 보세요.

|보기|

> # Мой дедушка был профессором в университете.
> (профессор)
>
> 우리 할아버지는 대학 교수셨습니다.

단어

① **Я хочу стать _____. (учитель)**

나는 선생님이 되고 싶습니다.

профессор 교수
университет 대학교
каждый 매번, 매회
вторник 화요일
теннис 테니스
блюдо 요리, 음식
надо ~해야 한다
рука 손

② **Каждый вторник я занимаюсь**

_____. (теннис)

매주 화요일 나는 테니스를 칩니다.

③ **Это блюдо надо есть _____. (рука)**

이 음식은 손으로 먹어야 합니다.

 표현 TIP

직업 관련 단어

회사원	работник	사업가	бизнесмен
엔지니어	инженер	운동선수	спортсмен
변호사	адвокат	배우	актёр
기자	журналист	의사	врач

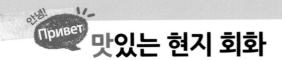  

맛있는 현지 회화

회화 듣기 ◉ Track 16-06   따라 말하기 ◉ Track 16-07

☀ 주현이와 에밀리가 SNS를 보며 대화를 나누고 있습니다.

주현
에밀리   에따   뜨바야   씨스뜨라
Эмили, это твоя сестра?

에밀리
다   에따   마야   씨스뜨라   미   쥘리   브메스쩨   스 네이 브
Да, это моя сестра. Мы жили вместе с ней в
아메리께
Америке.

주현
아   껨   아나   라보따옛
А кем она работает?

에밀리
독따럼   브   발리니쩨
Доктором в больнице.

주현
븨   다브노   니   비젤리스   띠   나베르너예   스꾸챠예쉬
Вы давно не виделись? Ты, наверное, скучаешь?

에밀리
다   빠에따무   미 스 네이   챠스따   라즈가바리바옘   빠
Да, поэтому мы с ней часто разговариваем по
찔리포누
телефону.

◉ Track 16-08

단어

- **твоя** 너의
- **жили** 살았다[원형 **жить**]
- **в Америке** 미국에서
- **в больнице** 병원에서
- **наверное** 아마도
- **часто** 자주
- **по телефону** 전화상으로, 전화를 통해

- **сестра** 언니, 누나, 여동생
- **вместе** 함께
- **кем работает** 어떤 직업으로 일하다
- **давно** 오래 전에
- **скучаешь** 그리워하다[원형 **скучать**]
- **разговариваем** 이야기를 나누다[원형 **разговаривать**]

- **мы** 우리가, 우리는
- **с ней** 그녀와
- **доктор** 의사
- **виделись** 봤다, 만났다[원형 **видеться**]
- **поэтому** 그래서

164

주현　　에밀리, 이 사람이 네 언니야?

에밀리　응, 우리 언니야. 미국에서 우린 같이 살았어.

주현　　언니는 무슨 일을 해?

에밀리　언니는 의사로 일해.

주현　　언니랑 서로 오래 못 만났겠구나. 많이 보고 싶겠다.

에밀리　응, 그래서 우리는 통화를 자주 해.

 맛있는 회화 TIP

질문도 원어민처럼!

같은 단어로 이루어진 문장이라도 평서문과 의문문의 억양이 다릅니다. 예를 들면 Это её сестра.(이 사람은 그녀의 언니야.)라는 문장이 평서문이라면 자연스럽게 마지막 단어를 내려 읽습니다. 하지만 Это её сестра?(이 사람이 그녀의 언니야?)와 같이 의문문으로 쓰이면, 묻고 싶은 포인트가 되는 단어를 강조해서 올려 읽으면 됩니다. 즉 '이 사람이' 그녀의 언니인지, 이 사람이 '그녀의' 언니인지, 혹은 이 사람이 그녀의 '언니'인지, 궁금한 점을 강조해 올려 읽는 것이죠.

맛있는 연습 문제

Track 16-10

1 녹음을 잘 듣고 여자의 직업이 무엇인지 고르세요.

①

②

③

2 다음 문장의 의미에 맞게 빈칸을 채우세요.

① 이건 누구의 외투입니까?

→ _____ это пальто?

② 저는 어제 강아지를 데리고 공원을 산책했어요.

→ Вчера я гулял в парке с _____.

③ 수프는 숟가락으로 드세요.

→ Ешьте суп _____.

> ***힌트**
> • пальто 외투
> • собака 강아지
> • суп 수프, 국
> • ложка 숟가락

3 다음 가족 소개를 읽고 밑줄 친 단어를 적절한 형태로 바꾸어 문장을 완성하세요.

> Это __мой__ семья. Папа, мама, сестра и я. __Моя__ папа работает __инженер__. __Мой__ мама – врач. __Моё__ сестра – студентка. Она занимается китайским __язык__ в университете. Я учусь в школе. Я хочу стать __актёр__.

> ***힌트**
> • заниматься
>   공부하다, 활동하다
> • китайский язык
>   중국어
> • учиться 배우다,
>   공부하다
> • школа 학교

블라디보스토크에서
'한국' 찾기

한국과 가장 가까운 러시아, 블라디보스토크

블라디보스토크는 한반도와 지리적으로 가까울 뿐만 아니라 역사적, 경제적으로도 긴밀한 관계를 지닌 곳입니다. 한반도 독립 운동가들이 블라디보스토크에 머물며 항일 운동을 펼쳤 었는데, 1907년부터 1909년까지는 안중근 의사가 이곳에서 활 발히 독립 운동에 앞장서기도 했습니다. 20세기 초 한반도로 부터 많은 이주민들이 연해주 지역으로 이동해 왔으며, 이후 1937년 스탈린이 강제 이주 정책을 펼치기 전까지 이곳에서 생 활했습니다. 현재도 블라디보스토크에서 2시간 정도 떨어져 있는 우수리스크 지역에서는 한국 역사 문화 센터가 운영되고 있고, 블라디보스토크에도 한인촌, 안중근 의사 동상, 최재형 고택 등 역사적 의미를 지닌 장소들이 많답니다.

러시아에 부는 한류 열풍

90년대 소련 붕괴 이후 시장이 개방되면서 한국산 제품이 가장 먼저 들어온 지역이 바로 블라디보스토크였죠. 이를 시 작으로 식품 무역, 자동차 및 자동차 부품, 부동산 건설 등의 분야들이 큰 성장을 보였습니다. 러시아에서 가장 오랜 역사를 지닌 한국어 학과도 블라디보스토크에 위치한 대학교에 있는데, 이 역시 양국의 우호적 관계를 쌓는 데 많은 도움이 되었답니다. 특히 최근 들어 러시아에서도 한류, K-pop의 인기가 높아짐에 따라 러시아 다른 지역에서도 한국 어를 배우기 위해 블라디보스토크 대학교로 오는 학생들이 많이 늘어나고 있습니다.

함께 성장할 기회를!

현재도 블라디보스토크 지역은 다양한 성장 가능성을 보이고 있습니다. '한국에서 2시간 만에 갈 수 있는 유럽'이라는 슬로건을 이용해 관광 사업을 진행하면서 많은 한국인 관광객이 블라디보스토크를 방문하고 있죠. 시베리아 횡단 열 차가 우리나라까지 이어질 수 있게 된다면, 여러 분야에 걸쳐 더욱 활발한 교류가 이루어질 것으로 예상됩니다. 나아가 우리나라가 시베리아 횡단 열차의 종점이 되면서 아시아를 넘어 유럽까지 육로를 확보할 수 있는 것이죠. 그렇게 되면 블라디보스토크와 우리나라 모두 시베리아 횡단 열차의 동쪽 거점으로서 성장해 나갈 기회를 가질 수 있을 것으로 기 대됩니다.

На каком автобусе можно добраться до Набережной?

몇 번 버스를 타야 나베레즈나야까지 갈 수 있나요?

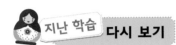 **지난 학습** 다시 보기

◆ **Это твоя сестра?**

이분이 너희 언니야?

> '나의'라는 표현은 мой(남성), моя(여성), моё(중성), '너의'라는 표현은 твой(남성), твоя(여성), твоё(중성)이에요.

◆ **Кем она работает?**

그녀는 누구로 일하나요?(그녀는 어떤 일을 하나요?)

> 직업을 물을 때에는 조격을 활용해요.
> 「Кем+(주어)+работает?」은 '(주어)는 무슨 일을 하나요?'라는 뜻이 돼요.

스토리 미리 듣기 **Track 17-01**

 TODAY 스토리 회화

주현이와 에밀리가 나베레즈나야 거리에 가려고 합니다.
두 사람의 여정을 따라가 볼까요?

 TODAY 학습 포인트

✿ на+교통수단
✿ 범위 표현
✿ 장소부사

오늘의 여행지는?

Post Card

황태자 해안로(набережная Цесаревича)
는 블라디보스토크 한복판에 있는 공원으로 2012
년에 건설되었습니다. 1891년 당시 러시아
제국 황제였던 니콜라이 2세가 처음으로 블라
디보스토크를 방문해 시베리아 횡단 철도
건설 현장을 직접 시찰한 것을 계기로 이곳에
'황태자'라는 이름이 붙었어요. 현재 황태자
해안로는 블라디보스토크 번화가로 자리잡아
스케이트보드와 자전거를 타는 사람들, 카페나 식당 야외 테라스에 앉아 금각교를 바라보며
식사하는 사람들로 붐벼요. 탁 트인 공간에서 예쁜 사진도 남기고 현지인과 어울리며 즐거운
시간을 보내 보면 어떨까요?

핵심 문법

동영상 강의

23 На каком автобусе **можно добраться до Набережной?**
몇 번 버스를 타야 나베레즈나야까지 갈 수 있나요?

24 Остановите здесь, пожалуйста!
여기서 세워 주세요!

Track 17-02

23 На каком автобусе можно добраться до Набережной?

몇 번 버스를 타야 나베레즈나야까지 갈 수 있나요?

✓ на+교통수단

'(교통수단)을 타고'라는 의미를 표현할 때, 앞서 배웠던 전치사 **на**를 활용합니다. 이때, 교통수단에 해당하는 명사를 앞에서 배운 전치격으로 써주는 것이 중요합니다. 단, **метро**(지하철), **такси**(택시) 등은 외래어이기 때문에 격변화를 하지 않습니다. (전치격 ▶ 132쪽 참고)

💬 **Из Сеула до Владивостока два часа на самолёте.**
서울에서 블라디보스토크까지 비행기로 두 시간이 걸립니다.

До центра быстрее всего на метро.
시내까지는 무엇보다 지하철이 가장 빠릅니다.

✓ 전치사를 활용한 시간과 공간의 범위 표현

	~에서	~까지
공간	из	до
시간	с	по

전치사마다 뒤에 오는 명사의 격이 달라집니다. 위 표에 제시된 전치사 중 **по**는 대격을, 나머지 전치사는 모두 생격을 취합니다. (대격 ▶ 84쪽 참고, 생격 ▶ 124쪽 참고)

💬 **Из Кореи до Японии на самолёте один час.**
한국에서 일본까지 비행기로 한 시간 걸려요.

Магазин работает с понедельника по пятницу.
상점은 월요일부터 금요일까지 운영합니다.

단어

какой 어떤, 무슨

автобус 버스

можно ~할 수 있다, ~해도 된다

добраться 다다르다, 도착하다

до ~까지

в / на ~에서

из ~(에서)로부터

Сеул 서울

час 시간, 시

самолёт 비행기

центр 중심, 도심

быстрее всего 무엇보다 빠른, 가장 빠른

Корея 한국

Япония 일본

магазин 상점, 가게

 표현 TIP

с 다음에 오는 단어의 처음과 두 번째 철자가 모두 자음인 경우, с 대신 со를 써야 합니다.
со среды 수요일부터

▶ 다음 |보기|와 같이 괄호 안의 단어를 문법에 알맞게 고쳐 보세요.

|보기|

Обычно я езжу в университет на автобусе. (автобус)

나는 보통 버스를 타고 대학교에 다닙니다.

단어

обычно 보통

ездить (교통수단을 타고) 다니다

университет 대학교

море 바다

МГУ 모스크바 국립대학교

доехать 도착하다

трамвай 트램

всего 오직

половина 절반

шёл 왔다
[идти의 남성 과거형]

дождь 비

① **Мы ездили на море на _____. (машина)**

우리는 차를 타고 바다에 다녀왔습니다.

② **До МГУ можно доехать на _____. (трамвай)**

모스크바 국립대학교까지는 트램을 타고 갈 수 있습니다.

③ **Из _____ до _____ на поезде всего два**

с половиной часа. (Сеул / Пусан)

서울에서 부산까지 기차로 오직 두 시간 반밖에 걸리지 않습니다.

④ **С _____ по _____ шёл**

дождь. (понедельник / четверг)

월요일부터 목요일까지 비가 왔습니다.

24

Остановите здесь, пожалуйста!

여기서 세워 주세요!

✓ 장소부사

여기에	저기에	앞에	뒤에
здесь	там	перед	сзади
오른쪽에	왼쪽에	위에	아래에
справа	слева	наверху	внизу

위에서 배운 장소부사는 한 곳에 머무른다는 의미의 동사 **находиться**(~에 위치하다), **быть**(~에 있다), **стоять**(~에 서있다), **лежать**(~에 놓여 있다) 등과 같이 주로 쓰이고, 아래에 있는 부사들은 한 곳에서 다른 곳으로 이동한다는 의미를 가진 동사 **ходить**(걸어 다니다), **идти**(걸어가다), **ехать**(타고 가다) 등과 함께 쓰입니다. 따라서 의미를 구별해 암기해 두어야 합니다.

여기로	저기로	앞으로	뒤로
сюда	туда	вперёд	назад
오른쪽으로	왼쪽으로	위로	아래로
направо	налево	вверх	вниз

 Я буду ждать тебя там в два часа. 내가 거기서 2시에 기다릴게.

Мэрия находится справа от музея.
시청은 박물관의 오른쪽에 위치해 있습니다.

Идите вперёд до почты. 우체국이 나올 때까지 앞으로 쭉 가세요.

Здесь опасно, отойдите назад! 여긴 위험해요, 뒤로 물러서세요!

단어

остановить 세우다, 멈추다

ждать 기다리다

мэрия 시청

от ~로부터

музей 박물관

почта 우체국

опасно 위험하다

отойти 물러서다, 비키다

표현 TIP

быть는 미래형을 나타내는 동사입니다. 각 인칭에 맞게 아래의 표와 같이 변형시켜 쓰면 됩니다. **быть** 뒤에 동사원형을 쓰면 '~할 예정이다'라는 의미가 됩니다.

я	буду
ты	будешь
он / она	будет
мы	будем
вы	будете
они	будут

실력 다지기 2

▶ 우리말을 참고하여 대화를 완성해 보세요.

Track 17-05

A **Алло, ты _____?**

여보세요, 너 어디야?

B **Я _____. _____ от кассы.**

난 여기 있어. 매표소로부터 왼쪽에.

Подходи _____!

이리로 와!

A **А! Я сейчас _____ кассы.**

아! 나는 지금 매표소 뒤에 있어.

Жди _____, я _____ подойду!

거기서 기다려, 내가 그리로 갈게!

B **Ага, хорошо. Давай быстрее!**

아하! 좋아. 빨리 와!

단어

алло (전화상의) 여보세요

касса 매표소

подходить 다가오다

сейчас 지금

ждать 기다리다

подойти 다가가다

давай ~하자[구어체 표현]

быстрее 더 빨리

 표현 TIP

방향 관련 단어

북쪽	남쪽	서쪽	동쪽
север	юг	запад	восток

*남한 Южная Корея, 북한 Северная Корея

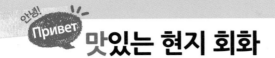

회화 듣기 🔊 Track 17-06   따라 말하기 🔊 Track 17-07

☀ 주현이와 에밀리가 나베레즈나야 거리에 가려고 합니다.

주현
나 까꼼 압또부쎄 모쥐나 다브랏짜 다
На каком автобусе можно добраться до

나베레쥐노이
Набережной?

행인
즈졔시 니옛 압또부싸 바지미쩨 루츠쉐 딱씨
Здесь нет автобуса. Возьмите лучше такси.

— 택시 탑승 —

주현
에따 우줴 나베레쥐나야
Это уже Набережная?

기사
다 에따 아나
Да, это она.

주현
따그다 아스따나비쩨 즈졔시 빠좔루이스따
Тогда остановите здесь, пожалуйста.

기사
하라쇼 븨하지쩨 즈졔시
Хорошо, выходите здесь.

🔊 Track 17-08

단어

- **каком** 어떤, 무슨[원형 **какой**]
- **добраться** 다다르다, 도착하다
- **лучше** ～하는 게 낫다
- **остановите** (차를) 세워 주세요[원형 **остановить**]

- **автобус** 버스
- **здесь** 여기에, 여기서
- **такси** 택시

- **можно** ～할 수 있다, ～해도 된다
- **возьмите** 잡으세요[원형 **взять**]

- **выходите** (차에서) 내리세요[원형 **выходить**]

주현   몇 번 버스를 타야 나베레즈나야까지 갈 수 있나요?

행인   여기에는 버스가 없어요. 택시를 잡는 게 낫습니다.

– 택시 탑승 –

주현   여기가 벌써 나베레즈나야인가요?

기사   네, 여기가 거깁니다.

주현   그러면 여기서 세워 주세요.

기사   좋습니다. 여기서 내리세요.

 맛있는 회화 TIP

'어떻게 가나요?' 목적지까지 가는 방법을 묻고 싶을 때

어떤 대중교통을 이용해야 할지 모르는 상황에서 목적지까지 어떻게 가는지 물어볼 때, '~까지 어떻게 가나요?'라고 질문하는 말은 Как можно доехать~?입니다. 예를 들어 '공항까지 어떻게 가나요?'라고 질문하고 싶다면 Как можно доехать до аэропорта?, '호텔까지 어떻게 가나요?'라고 묻고 싶다면 Как можно доехать до гостиницы?라고 하면 됩니다.

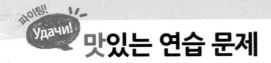
맛있는 연습 문제

1 다음 문장의 의미에 맞게 빈칸을 채우세요.

*힌트

• фестиваль 페스티벌
• проходить
  (행사, 축제 등이) 진행되다

① 블라디보스토크에서 모스크바까지 기차를 타면 일주일이 걸립니다.

→ _____ Владивостока _____ Москвы на поезде – одна неделя.

② 페스티벌은 토요일부터 월요일까지 열립니다.

→ **Фестиваль проходит с _____ по _____.**

③ 그는 차로 학교에 갑니다.

→ **Он поехал в школу на _____.**

2 다음 문장을 바르게 고쳐 보세요.

*힌트

• повернуть
  방향을 바꾸다

① **Кафе находится направо от парка.**

→ _____

② **Здесь можно повернуть слева?**

→ _____

3 녹음을 듣고 빈칸을 채워 문장을 완성하세요.

🔘 Track 17-10

① **Улица Арбат находится в _____ города.**

② **До гостиницы надо ехать на _____.**

*힌트

• гостиница 호텔
• сфотографироваться
  사진을 찍다

③ **Я хочу сфотографироваться _____.**

우리나라에는 없고
러시아에는 있는 교통수단?

러시아 여행을 떠나기 전 대중교통의 종류와 이용 방법을 미리 알고 가면 좋겠죠! 러시아 대도시에서는 우리나라처럼 도시 대중교통이 편리하게 운행되고 있습니다. 모스크바나 상트페테르부르크 같은 대도시에는 기본적으로 버스(автобус), 트롤리 버스(троллейбус), 지하철(метро), 트램(трамвай)과 택시(такси) 등이 있답니다.

전선이 있고 정해진 루트만 다니는 트롤리 버스는 우리나라에는 없는 교통수단이지만 러시아 대부분의 도시에서는 아직도 시민들이 자주 이용하는 대중교통입니다. 속도나 승차감 면에서 보면 훌륭하다고 할 수는 없지만 재미 삼아 한번 타보면 좋은 추억이 될 거예요. 이용 방법은 일반 버스와 같습니다.

트램 역시 현재 우리나라에서는 볼 수 없는 교통수단이지만, 러시아에서는 아직까지 운행되는 곳이 많답니다. 예스런 분위기를 풍기는 교통수단인 만큼 러시아 노인 분들이 많이 탑승하는 걸 볼 수 있는데, 지금은 유럽에서 운행되는 트램처럼 비교적 현대적인 칸들이 운영되기 때문에 관광객들도 이용하기 어렵지 않답니다. 일반 도로를 이용하는 버스보다 특별 노선으로 이동하는 트램이 때로는 더 빠르고 편리한 경우도 있죠.

러시아 국내에서 도시 간 이동을 할 때는 비행기나 기차를 이용하는 경우가 많습니다. 장거리를 오가는 기차는 3등급으로 나뉘어 운영되는데, 한 칸 안에 여러 개의 침대가 있고, 침대들 사이에 칸막이가 없는 3등칸(плацкарта), 2층 침대 두 개가 놓여 있는 2등칸(купе), 단 두 명만이 이용할 수 있는 1등칸(СВ)으로 나뉩니다. 3등칸은 여러 명이 한 공간에서 생활하기 때문에 다소 불편한 점도 있겠지만, 여행하는 길에 친구를 사귀며 추억을 쌓을 수도 있겠죠. 시베리아 횡단 열차를 타고 블라디보스토크에서 모스크바까지 가는 긴 여정을 계획한다면 다양한 등급의 좌석을 이용해 보는 것도 즐거운 경험이 될 거예요!

DAY 18

취미 말하기

Что тебе нравится больше?
어떤 걸 더 좋아해?

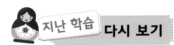

지난 학습 **다시 보기**

◆ **На каком автобусе** можно добраться до Набережной?

몇 번 버스를 타야 나베레즈나야까지 갈 수 있나요?

> 러시아어 명사의 전치격은 남성 명사는 뒤에 -е를 붙여서, 여성 명사와 중성 명사는 어미를 떼고 -е를 붙여서 만들어요.

◆ **Остановите здесь**, пожалуйста!

여기서 세워 주세요!

> 다양한 장소부사를 외워 두면 좋습니다. '여기에서'는 здесь, '저기에서'는 там이에요.

스토리 미리 듣기 ◎ **Track 18-01**

TODAY
스토리
회화

주현이와 에밀리가 산책을 하며 좋아하는 것들에 대해 이야기를 나누고 있습니다.
어떤 이야기인지 함께 들어 볼까요?

TODAY
학습
포인트

☆ 취향을 나타내는 동사 **нравиться**
☆ 비교 우위 표현

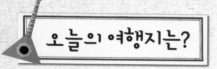

Post Card

블라디보스토크 해양 공원(Спортивная набережная)은 도시 시민들이 가장 좋아하는 휴양 공간 중 하나입니다. 블라디보스토크 시민들이 이곳에서 여가 시간을 즐기고 운동을 할 수 있도록 조성됐답니다. 때문에 디나모(Динамо) 운동장을 비롯한 많은 운동 시설이 즐비하죠. 카페나 놀이공원까지 들어서면서 관광객들도 즐겨 찾는 곳이 되었습니다. 푸른 바다를 바라보며 산책도 즐기고 예쁜 사진도 많이 찍을 수 있는 곳! 겨울에 가면 꽁꽁 언 바다 위를 걷는 경험까지 할 수 있답니다. 도시 한복판에 위치해 있기 때문에 해양 공원 주변 숙소를 잡는 것도 좋은 선택이랍니다.

TODAY
핵심 문법

동영상 강의

25 **Что тебе нравится больше?**
어떤 걸 더 좋아해?

26 **Мне больше нравится море.**
나는 바다가 더 좋아요.

Track 18-02

25

Что тебе нравится больше?

어떤 걸 더 좋아해?

✓ 여격(주체)+нравится+주격(대상)

нравится(원형 нравиться)는 '마음에 들다', '선호하다'라는 뜻의 동사입니다. 좋아하는 대상이 되는 것은 주격, 좋아하는 주체는 여격으로 써야 합니다.

여격 + нравится + 주격 : 주격이 여격의 마음에 들다(=여격은 주격을 좋아한다)

여격 + нравится + 동사원형 : 동사하는 것이 여격에게 마음에 들다
                       (=여격은 동사하는 것을 좋아한다)

예 **Мне** нравится **кофе.** 나는 커피를 좋아합니다.

  Мне нравится **пить кофе.** 나는 커피 마시는 걸 좋아합니다.

  Мне не нравится **заниматься спортом.**
  나는 운동하는 걸 좋아하지 않습니다.

✓ любить+동사원형

любить는 '사랑하다', '좋아하다'라는 동사입니다. 좋아하는 대상은 대격, 좋아하는 주체는 주격으로 쓰면 됩니다.

주격 + любить + 대격 : 주격은 대격을 좋아한다

주격 + любить + 동사원형 : 주격은 동사하는 것을 좋아한다

예 **Он** любит **её.** 그는 그녀를 사랑합니다.

  Мы любим **ходить в кино.**
  우리는 영화관에 다니는 걸 좋아합니다.(우리는 영화 보는 걸 좋아합니다.)

  Я не люблю **читать газеты.** 나는 신문 읽는 걸 좋아하지 않습니다.

단어

нравится ~가 마음에
들다, 좋아하다, 선호하다

[원형 **нравиться**]

больше 더 ~하다

заниматься
공부하다, 활동하다

спорт 스포츠

любить 사랑하다,
좋아하다

ходить 다니다

кино 극장, 영화관

газета 신문

실력 다지기 1

▶ 주어진 단어들을 활용하여 좋아하는 것들에 대한 문장을 만들어 보세요.

주체		대상
они **она** **я** **вы**	**нравиться** **любить**	**плавать в бассейне** **красное платье** **играть на пианино** **мороженое**

① _____. (нравиться)

그들은 수영장에서 수영하는 것을 좋아합니다.

② _____. (не нравиться)

그녀는 빨간색 원피스를 좋아하지 않습니다.

③ _____. (любить)

나는 피아노를 연주하는 것을 좋아합니다.

④ _____? (не любить)

당신은 아이스크림을 안 좋아합니까?

단어

плавать 수영하다,
헤엄치다

бассейн 수영장

красный 붉은, 빨간색의

платье 원피스

играть 연주하다, 놀다

пианино 피아노

мороженое
아이스크림

26

Мне больше нравится море.

나는 바다가 더 좋아요.

✓ ~보다 더/덜

больше는 '더', меньше는 '덜'이라는 표현입니다. 두 가지 대상을 비교할 때 쓸 수 있는 말인데, 비교하는 대상을 덧붙이고 싶을 땐 **чем**(~보다)과 함께 쓰면 됩니다. 이때, 비교하는 대상들 간에 격을 일치시켜 써야 합니다. 예를 들어, 위와 같은 문장 끝에 '산보다'라는 말을 더하고 싶다면 'Мне больше нравится море чем горы.'라고 쓸 수 있는 것이죠.

Мне нравится математика меньше чем **история.**
나는 수학을 역사보다 덜 좋아합니다.

Я люблю курицу меньше чем **пиццу.**
나는 닭 요리를 피자보다 덜 좋아합니다.

В путешествии ей нравится гулять по городу
больше, чем **ходить в музеи.**
여행할 때 그녀는 박물관에 가는 것보다는 도시를 거니는 것을 더 좋아합니다.

Корейцы любят острую пищу больше чем **сладкую.**
한국인들은 단 음식보다 매운 음식을 더 좋아합니다.

단어

море 바다
горы 산[복수. 원형 гора]
математика 수학
история 역사
курица 닭 요리
пицца 피자
путешествие 여행
город 도시
музей 박물관
корейцы 한국인들
острый 매운
пища 음식
сладкий 단. 달달한

실력 다지기 2

▶ 주어진 단어들을 활용해 |보기|와 같이 자신의 취향에 대한 문장을 만들어 보세요.

|보기|

читать книги / смотреть фильмы

→ **Мне нравится читать книги больше, чем смотреть фильмы.**

나는 영화 보는 것보다 책 읽는 것을 더 좋아합니다.

---

① **яблоки / бананы**

→ _____

나는 바나나보다 사과를 더 좋아합니다.

→ _____

나는 사과보다 바나나를 더 좋아합니다.

② **большие гостинцы / маленькие хостелы**

→ _____

나는 작은 호스텔보다 큰 호텔이 더 마음에 듭니다.

→ _____

나는 큰 호텔보다 작은 호스텔이 더 마음에 듭니다.

③ **ездить на поезде / летать на самолёте**

→ _____

나는 비행기를 타는 것보다 기차를 타는 것을 더 좋아합니다.

→ _____

나는 기차를 타는 것보다 비행기를 타는 것을 더 좋아합니다.

단어

читать 읽다

книга 책

смотреть 보다

фильм 영화

яблоко 사과

банан 바나나

большой 큰, 많은

гостиница 호텔

маленький 작은, 적은

хостел 호스텔

ездить (교통수단을 타고) 다니다

поезд 기차

летать 날다, 비행기를 타고 가다

самолёт 비행기

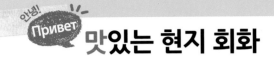 맛있는 현지 회화

회화 듣기 **Track 18-06**   따라 말하기  **Track 18-07**

☀ 주현이와 에밀리가 나베레즈나야 거리에 도착했습니다.

주현
쉬또 · 찌볘 · 느라빗쨔 · 볼쉐 · 모례 · 일리 · 고리
Что тебе нравится больше: море или горы?

에밀리
므녜 · 볼쉐 · 느라빗쨔 · 모례
Мне больше нравится море.

주현
따그다 · 다바이 · 씨챠스 · 스니멤 · 비제오 · 들랴 · 마이보
Тогда давай сейчас снимем видео для моего
까날라
канала?

에밀리
하라쇼 · 다바이 · 즈도라바
Хорошо, давай. Здорово!

주현
아 · 쉬또 · 류비쉬 · 띠
А что любишь ты?

에밀리
야 · 류블류 · 삐싸찌 · 아 · 뿌찌쉐으뜨비야흐 · 브 · 스바욤 · 블로게
Я люблю писать о путешествиях в своём блоге.

 Track 18-08

단어

- **тебе** 너에게[ты의 여격]
- **больше** 더 ~하다
- **горы** 산[복수, 원형 гора]
- **давай снимем** 찍자, 촬영하자
- **моего** мой(나의)의 생격
- **любишь** 사랑하다, 좋아하다[원형 любить]
- **о путешествиях** 여행에 대해

- **нравится** ~가 마음에 들다, 좋아하다, 선호하다[원형 нравиться]
- **море** 바다
- **видео** 영상, 비디오
- **канал** 채널
- **своём** 자신의[원형 свой]

- **или** 혹은, 또는
- **давай** ~하자
- **для** ~을 위해
- **здорово** 좋아, 재밌겠다
- **писать** 쓰다
- **блог** 블로그

184

주현	년 바다가 좋아 산이 좋아?
에밀리	난 바다가 더 좋아.
주현	그럼 지금 내 채널에 올릴 영상 한번 찍어 볼까?
에밀리	그래, 그러자! 재밌겠다.
주현	그런데 너는 뭘 좋아해?
에밀리	난 내 블로그에 여행에 대해 쓰는 걸 좋아해.

 맛있는 회화 TIP

당신의 취미는 무엇인가요? Что ты любишь делать?

- 음악 듣기 **слушать музыку**
- 사진 찍기 **делать фотографии**
- 여행 **путешествие**
- 테니스 **теннис**
- 자전거 타기 **ездить на велосипеде**
- 유튜브 채널 운영 **вести канал на Ютубе**

- 영화 보기 **смотреть фильмы**
- 수다 떨기 **болтать с друзьями**
- 요가 / 필라테스 **йога / пилатес**
- 수영 **плавание**
- 요리 **готовка еды**
- 블로그 운영 **вести блог**

파이팅! Удачи! 맛있는 연습 문제

1 다음 문장을 바르게 고쳐 보세요.

① **Ей больше нравятся фильму.** → _____

② **Я не люблю гуляю по парку.** → _____

③ **Мне нравится русской еды.** → _____

2 다음 중 빈칸에 들어갈 알맞은 표현을 고르세요.

Мне не нравятся русские блюда. Я больше люблю

_____ .

① **корейская еда**

② **корейскую еду**

③ **корейской едой**

④ **корейской еде**

3 녹음을 듣고 빈칸을 채워 문장을 완성하세요. Track 18-10

> Я _____ гулять по Владивостоку. Это очень
> красивый город. Он мне нравится _____, чем
> Хабаровск. И еда здесь очень вкусная! Мне очень
> нравятся _____. А _____ они не нравятся.

*힌트

• **по Владивостоку** 블라디보스토크를
  돌아다니다

• **Хабаровск** 하바롭스크[러시아의 도시]

시베리아 횡단 열차

여행자들의 로망, 시베리아 횡단 열차

여행을 좋아하는 사람이라면 누구나 인생에 한 번쯤 시베리아 횡단 열차를 타보고 싶어 할 텐데요. 시베리아 횡단 철도는 이미 잘 알려져 있듯 전 세계에서 제일 긴 철도로, 총 길이가 9288.2km에 달한답니다. 수도인 모스크바에서 시작해 러시아 전 지역을 통과해서 러시아 극동쪽인 블라디보스토크까지 이어지죠. 사실 어느 역이 종착역인지는 바라보는 관점에 따라 다릅니다. 모스크바 시민들은 시베리아 횡단 철도가 모스크바에서 시작해 머나먼 블라디보스토크를 종점으로 해서 이어져 있다고 생각하죠. 하지만 블라디보스토크 시민들은 반대로 생각한답니다. 러시아 동쪽 끝의 태평양에서 시작해서 러시아 서쪽까지 이어지는 노선이라고 말이죠.

횡단 열차 전 구간의 완성!

시베리아 횡단 철도는 1891년 당시 알렉산드르 3세의 명령으로 시작됩니다. 당시 개발이 덜 진행되어 있던 러시아 극동 지역을 개척하고 개발하기 위해서였는데, 이는 동아시아 지역에서 러시아 제국이 패권을 쥐기 위해서는 물류 수송 체계를 갖춰야 한다는 판단에서 비롯된 지시였습니다. 그렇게 시작된 건설 작업은 25년에 걸쳐 1916년에 완료되었습니다. 그러나 완공 이후 2차 세계대전 이전까지는 횡단 철도가 활발히 이용되지 않았습니다. 시간이 흘러 2차 세계대전을 기점으로 독일군의 침략에 따라 소련군이 후퇴하면서 적극적으로 사용하기 시작했고, 이후 산업화를 거치면서 이용량이 증가해 2002년에 이르러서는 전 구간 전기화가 완료됐습니다.

어떤 자리를 골라볼까?

시베리아 횡단 열차를 타고 블라디보스토크에서 모스크바까지 이동하는 데 걸리는 시간은 열차의 등급에 따라 다른데, 가장 높은 등급의 열차인 러시아 호(Россия), 즉 가장 빠른 열차로도 7박 8일이 소요됩니다. 러시아인들은 이 기차를 교통수단이라기보다는 관광용 열차로 생각한답니다. 비행기를 타면 가격은 더 비싸지만 그래도 모스크바에서 블라디보스토크까지 불과 9시간 만에 이동할 수 있기 때문이죠. 하지만 러시아의 여러 지역을 여행하고자 하는 관광객들에게는 기차가 더 괜찮은 이동수단이 될 수 있습니다. 8일 동안 기차에서 생활하며 (역에 정차했을 때 잠깐 나가볼 수 있는 것을 제외하고는) 창문 밖 풍경을 바라만 봐야 하는 상황이지만 재미있는 추억을 만들 수 있죠. 산과 들, 강, 호수, 바다를 모두 지나면서 흥미롭고 유익한 여행길이 될 수 있을 거예요. 물론 기차 안에서 만나는 사람들과 좋은 친구가 될 수도 있고 말이죠.

DAY 19 현지인에게 말 걸기

Простите, Вы можете мне помочь?
실례합니다만, 좀 도와주실 수 있나요?

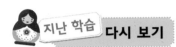

지난 학습 **다시 보기**

◆ **Что тебе нравится больше?**
   어떤 걸 더 좋아해?

> 「여격+нравится+주격」은 '(주격)이 (여격)의 마음에 들다', 즉 '(여격)은 (주격)을 좋아한다'는 의미예요.

◆ **Мне больше нравится море.**
   나는 바다가 더 좋아요.

> 무언가를 비교할 때 자주 쓰는 표현에는 больше(더), меньше(덜)가 있어요.

스토리 미리 듣기 ◎ Track 19-01

TODAY 스토리 회화
에밀리가 아르바트 거리를 걷고 있습니다.
현지인과 어떤 이야기를 주고받는지 살펴볼까요?

TODAY 학습 포인트
☆ мочь와 уметь의 활용
☆ 비교급

오늘의 여행지는?

블라디보스토크의 중심, 아르바트(Арбат) 거리는 깊은 역사를 지닌 곳입니다. 이 거리의 첫 명칭은 신기하게도 '베이징 거리'였는데, 1860년 러중 조약을 기념하기 위해 이러한 명칭이 처음으로 만들어졌습니다. 1964년에는 그 당시 소련 장군의 이름을 기리기 위해서 포키나 장군(Адмирала Фокина) 거리로 개명되기도 했었는데, 2002년에는 도시 시민들이 여가를 즐길 수 있도록 모습을 완전히 바꾸면서 모스크바의 유명한 거리 이름을 따 '아르바트 거리'라고 불리기 시작했죠. 현재는 많은 식당과 카페, 골동품 가게, 기념품 가게 등이 즐비해 블라디보스토크 볼거리 중 필수 코스가 되었습니다.

동영상 강의

TODAY

핵심 문법

27 **Простите, Вы можете мне помочь?**
실례합니다만, 좀 도와주실 수 있나요?

28 **Скажите, пожалуйста, ещё раз медленнее.**
한 번만 더 천천히 말씀해 주세요.

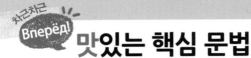

맛있는 핵심 문법

27

Простите, Вы можете мне помочь?

실례합니다만, 좀 도와주실 수 있나요?

✓ '~할 수 있다' можете(원형 мочь)

'~할 수 있다'고 표현할 때에는 보조동사 мочь를 씁니다. мочь는 어떤 것을 할 수 있는 능력이 있거나 상황이 가능하다는 의미입니다. 또 의문문으로 쓰이면 '~해 줄 수 있나요?'라는 요청의 의미도 나타냅니다. 「мочь+동사원형」으로 쓰며, 부정문은 мочь 앞에 не를 붙여서 만듭니다.

я	могу	мы	можем
ты	можешь	вы	можете
он / она	может	они	могут

 Я могу звонить вечером. 저녁에 전화할 수 있어요. [상황, 여건]

Она не может найти дорогу до гостиницы без карты. 그녀는 지도 없이는 호텔까지 가는 길을 찾을 수 없습니다. [능력]

Ты можешь сказать мне, который час?
몇 시인지 좀 말해 줄 수 있어? [요청]

✓ '~할 줄 알다' уметь

мочь와 уметь 모두 우리말로 '~할 수 있다'로 번역할 수 있지만, 그 의미가 조금 다릅니다. мочь는 상황이나 상태에 따른 가능성의 의미가 더 강하고, уметь는 학습된 능력을 의미합니다. 배워서 할 줄 아는 능력을 표현할 때에는 уметь가 더 적절한 표현이겠죠. 「уметь+동사원형」의 형태로 씁니다.

 Я умею плавать. 나는 수영을 할 줄 알아요.

Он не умеет играть на пианино. 그는 피아노를 칠 줄 몰라요.

Вы умеете рисовать? 당신은 그림 그릴 줄 아시나요?

단어

простите 실례합니다
помогать 돕다
звонить 전화하다
вечером 저녁에
найти 찾다
гостиница 호텔
без ~없이
карта 지도
сказать 말하다
который час 몇 시
плавать 수영하다
играть 연주하다
пианино 피아노
рисовать 그림을 그리다

 표현 TIP

'수영을 할 수 없다'라는 문장은 러시아어로는 의미가 조금 다른 두 가지 표현으로 나뉠 수 있습니다. 'Я не могу плавать.'는 지금 몸에 기운이 없거나 물에 들어가는 것을 무서워하는 등의 이유로 수영을 할 수 없는 상태임을 표현하는 문장이고, 'Я не умею плавать.'는 수영을 배우지 않아서 할 줄 모른다는 의미입니다.

◄ 실력 다지기 1 ►

▶ 다음 |보기|와 같이 мочь와 уметь 중 문맥상 알맞은 표현을 골라 올바른 형태로 빈칸에 쓰세요.

|보기|

Вы можете сказать, как пройти на Арбат?

아르바트 거리에 어떻게 가는지 말해 주실 수 있나요?

단어

пройти 지나가다, 통과하다

гитара 기타

водить 조종하다

машина 자동차

забронировать 예약하다

только 오직

через ~을 통해서

приложение 앱, 애플리케이션

① **Бо Рам _____ играть на гитаре?**

보람이는 기타를 칠 줄 아나요?

② **Мой брат не _____ водить машину.**

제 남동생은 운전을 할 줄 모릅니다.

③ **Вы _____ забронировать такси только через приложение.**

애플리케이션을 통해서만 택시를 예약할 수 있습니다.

🎧 표현 TIP

러시아어로 '어떤 언어를 할 수 있다'는 것을 말할 때에는 보조동사를 쓰지 않는 것이 더 자연스럽습니다. 따라서 '영어를 할 줄 아세요?'라고 질문할 때 'Вы можете говорить по-английски?' 혹은 'Вы умеете говорить по-английски?'보다는 'Вы говорите по-английски?'라고 하는 것이 좋습니다. '어떤 언어로 말하다'는 표현을 할 때는 「по+언어」를 씁니다. по 뒤에 오는 단어만 바꾸면 다양한 언어를 표현할 수 있습니다.

한국어로	러시아어로	일본어로
по-корейски	по-русски	по-японски
스페인어로	독일어로	프랑스어로
по-испански	по-немецки	по-французски

28

Скажите, пожалуйста, ещё раз медленнее.

한 번만 더 천천히 말씀해 주세요.

✓ 비교급

형용사와 부사의 비교급은 기본형의 어미를 탈락시키고 -ee를 붙이면 됩니다. 예를 들어, '예쁜'이라는 뜻의 **красивый**의 비교급으로 '더 예쁜'이라는 표현을 하려면 **красивый**의 어미를 탈락시키고 그 뒤에 -ee를 붙여 **красивее**로 쓰면 됩니다. 앞서 182쪽에서 배운 내용처럼, 비교 대상을 언급하고 싶을 때에는 '~보다'라는 의미의 **чем**을 함께 쓸 수 있습니다.

단어

ещё раз 한 번 더

видовая площадка 전망대

ехать (교통수단을 타고) 가다

осень 가을

뜻		형용사	비교급
추운		холодный	холоднее
맛있는		вкусный	вкуснее
편안한		удобный	удобнее
빠른		быстрый	быстрее
예외	좋은 / 나쁜	хороший / плохой	лучше / хуже
	큰, 많은 / 작은, 적은	большой / маленький	больше / меньше
	싼 / 비싼	дешёвый / дорогой	дешевле / дороже

예 До видовой площадки на такси будет быстрее чем на автобусе.

전망대까지는 버스보다 택시 타는 것이 더 빨라요.

Москва холоднее чем Владивосток.

모스크바는 블라디보스토크보다 더 추워요.

Во Владивосток лучше ехать осенью.

블라디보스토크는 가을에 가는 게 더 좋아요.

Track 19-05

실력 다지기 2

▶ 다음 |보기|와 같이 제시된 단어를 활용하여 비교급 문장을 만들어 보세요.

|보기| **холодный / тёплый**

→ **Зимой в Сибири** холоднее **чем в Сеуле.**
겨울에는 시베리아가 서울보다 더 춥습니다.

→ **Зимой в Сеуле** теплее **чем в Сибири.**
겨울에는 서울이 시베리아보다 더 따뜻합니다.

---

① **дорогой / дешёвый**

단어

холодный 추운
тёплый 따뜻한
салат 샐러드
сэндвич 샌드위치
медленный 느린

→ **В этом кафе салат** _____ **чем сэндвич.**
이 카페에서는 샌드위치보다 샐러드가 더 비쌉니다.

→ **В этом кафе сэндвич** _____ **чем салат.**
이 카페에서는 샐러드보다 샌드위치가 더 쌉니다.

② **большой / маленький**

→ **Россия** _____ **чем Корея.**
러시아는 한국보다 (영토가) 더 큽니다.

→ **Корея** _____ **чем Россия.**
한국은 러시아보다 (영토가) 더 작습니다.

③ **быстрый / медленный**

→ **Самолёт** _____ **чем поезд.**
비행기가 기차보다 더 빠릅니다.

→ **Поезд** _____ **чем самолёт.**
기차는 비행기보다 더 느립니다.

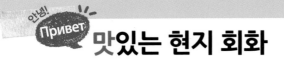

회화 듣기 Track 19-06

따라 말하기 Track 19-07

☀ 에밀리가 택시 정거장을 찾기 위해 행인에게 도움을 요청하고 있습니다.

에밀리
쁘라스찌쩨 비 모쥐쩨 므녜 빠모취
Простите, Вы можете мне помочь?

비 가바리쩨 빠 앙글리스끼
Вы говорите по-английски?

행인
이즈비니쩨 노 녯
Извините, но нет.

에밀리
아 하라쑈 아 깍 모쥐나 비즈바찌 딱씨
А, хорошо. А как можно вызвать такси?

행인
루취쉐 스까챠이쩨 쁘릴라줴니예 나 찔리폰
Лучше скачайте приложение на телефон......

에밀리
오이 이즈비니쩨 스까쥐쩨 빠좔루이스따 이쑈 라스
Ой! Извините, скажите, пожалуйста, ещё раз

메들례녜예
медленнее.

행인
하라쑈 이딱 스까챠이쩨 쁘릴라줴니예
Хорошо. Итак, скачайте приложение......

Track 19-08

단어

• простите 실례합니다	• помогать 돕다	• говорите 말씀하세요[원형 говорить]
• по-английски 영어로	• извините 실례합니다, 미안합니다	• но 그러나
• вызвать 부르다	• лучше 차라리 ~하는 게 낫다	• скачайте 다운로드하세요[원형 скачать]
• приложение 앱, 애플리케이션	• телефон 휴대폰	• скажите 말씀해 주세요[원형 сказать]
• ещё раз 한 번 더	• медленнее 더 천천히	• итак 자, 그럼

194

에밀리	실례합니다만, 좀 도와주실 수 있나요? 영어 하세요?
행인	미안하지만, 못합니다.
에밀리	아, 좋습니다. 택시를 어떻게 잡을 수 있을까요?
행인	휴대폰에서 앱을 다운로드하는 게 더 나은데……
에밀리	아이쿠, 죄송하지만 한 번만 더 천천히 말씀해 주세요.
행인	알겠습니다. 자, 앱을 다운로드하시고……

 맛있는 회화 TIP

모르는 사람에게 말을 걸 때

처음 보는 사람에게 도움을 요청하거나 질문을 할 때, 매너 있게 말을 거는 표현으로 простите와 извините 가 있습니다. простите는 '실례합니다', извините는 '실례합니다', '미안합니다'라는 뜻으로, 두 단어 모두 위와 같은 상황에서 자연스럽게 말을 거는 표현으로 사용할 수 있습니다.

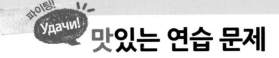

맛있는 연습 문제

1 녹음을 듣고 빈칸을 채워 문장을 완성하세요.

① Извините, Вы _____ по-корейски?

② Эмили _____ играть на скрипке.

③ Ты _____ пойти со мной в театр?

*힌트
• скрипка 바이올린
• театр 극장

2 다음 보기 중 알맞은 단어를 찾아 문법에 맞게 변형시켜서 문장을 완성해 보세요.

| 보기 | плохой | удобный | вкусный |

① На самолёте лететь _____, чем ехать на поезде.

② Бо Рам сказала, что шашлык _____ чем борщ.

③ Я сдал экзамен _____ чем мой друг.

*힌트
• друг 친구

3 다음 문장의 의미에 맞게 빈칸을 채우세요.

① 죄송합니다만, 저는 러시아어를 잘 모릅니다.

→ _____, но я плохо говорю _____.

② 한국은 러시아보다 훨씬 따뜻해요.

→ В Южной Корее _____ _____ в России.

러시아 예술의 중심,
마린스키 극장

가까이에서도 세계적인 공연을!

러시아 하면 떠오르는 것 중에 하나가 아마 발레일 겁니다. 러시아로 여행을 간다면 꼭 한 번쯤 발레 공연을 관람해 보는 것이 어떨까요? 러시아에서 발레와 오페라 공연을 볼 수 있는 가장 크고 유명한 극장은 볼쇼이 극장과 마린스키 극장(Мариинский театр)입니다. 마린스키 극장은 페테르부르크에도 있고, 블라디보스토크에도 있답니다. 블라디보스토크에서는 2016년부터 공연이 시작되었는데, 가까운 곳에서도 세계적인 수준의 발레 공연을 볼 수 있게 된 셈이죠!

공연만큼 멋진 인테리어

페테르부르크에 있는 마린스키 극장은 1783년에 설립되었습니다. 처음에는 볼쇼이 극장이 사용하는 건물을 함께 쓰다가 1859년에 따로 건물을 지었는데, 그때부터 아름답고 고급스러운 인테리어로 마린스키 극장 고유의 분위기를 갖추게 되었습니다. 지금은 극장 앞에 있는 광장도 '극장 광장'이라고 할 만큼 도시의 랜드마크가 되었죠. 마린스키 극장의 이름은 설립 당시 러시아의 황제인 알렉산더 2세의 부인 마리아의 이름을 따서 만들었습니다.

극장 바깥 모습도 아름다워요

블라디보스토크의 마린스키 극장은 건축 단계에서 우리나라의 경기도 고양시에 있는 '오페라 하우스' 디자인을 참고해 설계되었다고 합니다. 그 과정에서 우리나라 전문가들이 블라디보스토크 현지를 직접 방문해 자문에 응하기도 했습니다. 블라디보스토크의 마린스키 극장은 아름다운 내부 인테리어와 멋진 공연뿐만 아니라, 극장 입구에서 바라보는 탁 트인 도시의 모습도 일품입니다. 블라디보스토크 여행을 계획 중이시라면, 여행을 떠나기 전에 인터넷을 통해 티켓을 예매하고 오페라나 발레 공연을 관람해 보시는 걸 추천합니다.

넷째 주 다시 보기 DAY 16-19

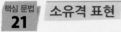 **이번 주 학습 내용** -

DAY 16

핵심 문법 21 | **소유격 표현**

Это твоя сестра?

이분이 너희 언니야?

└ '나의'라는 표현은 мой(남성), моя(여성), моё(중성), '너의'라는 표현은 твой(남성), твоя(여성), твоё (중성)이에요.

핵심 문법 22 | **직업 묻기**

Кем она работает?

그녀는 누구로 일하나요?(그녀는 어떤 일을 하나요?)

└ 직업을 물을 때에는 조격을 활용해요. 「Кем+(주어)+работает?」은 '(주어)는 무슨 일을 하나요?'라는 뜻이 돼요.

DAY 17

핵심 문법 23 | **교통수단 이용하기**

На каком автобусе можно добраться до Набережной?

몇 번 버스를 타야 나베레즈나야까지 갈 수 있나요?

└ 러시아어 명사의 전치격은 남성 명사는 뒤에 -e를 붙여서, 여성 명사와 중성 명사는 어미를 떼고 -e를 붙여서 만들어요.

핵심 문법 24 | **장소부사 표현**

Остановите здесь, пожалуйста!

여기서 세워 주세요!

└ 다양한 장소부사를 외워 두면 좋습니다. '여기에서'는 здесь, '저기에서'는 там이에요.

Удачи!

━ 실력 다지기 1 ━

1 다음 문장의 의미에 맞게 빈칸을 채우세요.

① 이건 누구의 우산이니? ▷ _____ это зонт?

② 다니엘은 그녀의 친구예요. ▷ Даниэль – это _____ друг.

③ 이분은 제 어머니입니다. ▷ Это _____ мама.

2 녹음을 듣고 빈칸을 채워 문장을 완성하세요.

Track 20-01

> Мой папа работает _____. Моя мама – учитель. Она
> работает _____ _____. Мой брат любит спорт. Он хочет
> стать _____. И я люблю музыку. Я хочу стать
> _____.

*힌트

• музыкант 음악가 • музыка 음악

3 괄호 안의 단어를 전치격으로 바꾸어 보세요.

① Дети сейчас сидят в (машина).

▷ _____

② Пять лет назад Илья жил во (Владивосток).

▷ _____

③ Каждый день она ездит в школу на (автобус).

*힌트

• дети 아이들[복수]

▷ _____

DAY 18

핵심 문법 25 취미 묻기

Что тебе нравится больше?

어떤 걸 더 좋아해?

└ 「여격+нравится+주격」은 '(주격)이 (여격)의 마음에 들다', 즉 '(여격)은 (주격)을 좋아한다'는 의미예요.

핵심 문법 26 비교 우위 표현

Мне больше нравится море.

나는 바다가 더 좋아요.

└ 무언가를 비교할 때 자주 쓰는 표현에는 больше(더), меньше(덜)가 있어요.

DAY 19

핵심 문법 27 요청하기

Простите, Вы можете мне помочь?

실례합니다만, 좀 도와주실 수 있나요?

└ 「мочь+동사원형」은 '~할 수 있다'는 의미입니다. 의문문으로 쓰이면 '~해 줄 수 있나요?'라는 요청의 의미를 나타내요.

핵심 문법 28 비교급 표현

Скажите, пожалуйста, ещё раз медленнее.

한 번만 더 천천히 말씀해 주세요.

└ 러시아어의 형용사와 부사의 비교급은 기본형의 어미를 탈락시키고 -ee를 붙여 만들 수 있어요.

Удачи!

1 다음 문장의 의미에 맞게 빈칸을 채우세요.

① 그녀는 이 자동차가 마음에 들었어요.

▷ _____ нравилась эта машина.

② 엄마는 그 영화가 마음에 들지 않으시대요.

▷ _____ не понравился этот _____.

힌트
• живопись 미술

2 다음 문장을 바르게 고쳐 보세요.

① Мой брат говорит по-английски хорошо чем по-русски.

▷ _____

② Мне живопись интересно, чем музыку.

▷ _____

3 다음 중 빈칸에 알맞은 표현을 골라 문장을 완성하세요.

| можете | больше | меньше |

힌트
• японскую
일본의[대격]

① Вы _____ позвонить мне вечером?

저녁에 전화해 주실 수 있으세요?

② Я _____ люблю русскую еду чем японскую.

저는 일본 음식보다 러시아 음식을 더 좋아해요.

☆ 우리만 알고 있는 러시아 이야기

알아 두면 좋은 팁

📷 교회당을 방문할 때는 옷차림에 주의하세요!

러시아 여행 중에 교회나 성당을 방문하게 된다면 옷차림에 주의해야 합니다. 러시아 종교는 정교회이므로 교회나 성당에 입장하는 사람에 대한 엄격한 규칙을 갖고 있거든요. 슬리퍼나 샌들을 신고 들어가는 것이 금지되어 있고 남성의 경우 날씨가 아무리 더워도 반바지를 입고 들어갈 수가 없습니다. 여성 방문자는 반드시 숄이나 큰 천으로 머리카락과 어깨가 안 보이게 가리고 입장해야 합니다. 관광객이 자주 오가는 교회나 성당 같은 경우에는 입구에서 숄을 무료로 나눠 주거나 대여료를 받고 제공해 주는 곳도 있죠. 하지만 크고 유명한 수도원이나 성당, 교회가 아니라면 이런 서비스가 없는 경우도 많기 때문에 적당한 옷을 미리 챙겨 가는 것이 좋답니다.

📷 러시아에서는 생수를 안 마신다고요?

러시아에서 마트나 식당에 갔을 때 '물 좀 주세요'라고 하면 생수가 아닌 탄산수를 갖다주는 경우가 많습니다. 러시아 사람들은 생수보다 탄산수를 더 좋아하고 몸에도 더 좋다고 생각하기 때문에, 누군가 물을 부탁하면 자연스럽게 탄산수를 주는 것이죠. 탄산 음료를 좋아하는 사람이라면 괜찮겠지만 생수를 마시고 싶은 거라면 물을 부탁할 때 '생수'를 달라고 말해야 한답니다. 마트에서 장을 볼 때도 마찬가지예요! 물병에 붙은 라벨을 꼭 확인하고 물을 구매해야 합니다. 'минеральная вода'라고 써있으면 '탄산 음료', 'вода без газа'라고 써있으면 '생수'라는 의미입니다.

📷 꽃은 홀수로 선물하세요!

우리나라에서도 특별한 날에 꽃을 자주 선물하는 것처럼 러시아에서도 서로에게 꽃을 선물하는 문화가 있습니다. 연애할 때 남성이 사랑하는 여성에게 주는 것은 물론, 주요 명절이나 특별한 날에는 가족이나 친구끼리도 축하의 의미로 꽃을 자주 주고받죠. 하지만 이때 주의해야 할 문화적인 차이가 있습니다. 바로 주는 꽃의 수량인데, 러시아에서는 홀수 꽃은 살아 있는 사람에게 주고, 짝수 꽃은 죽은 사람에게 바치는 의미를 가지고 있습니다. 미신이라고 가볍게 여길 수도 있겠지만 러시아 사람들은 신경 써서 지키는 풍습이기 때문에 꽃을 선물할 때는 이 점을 꼭 기억하세요!

📷 거리에서 술 한 잔? 안 돼요!

러시아 사람들이 술을 좋아하고 많이 마신다고 알려져 있기는 하지만, 그런 편견과 달리 술에 대한 인식은 우리나라보다 훨씬 엄격하답니다. 러시아에서는 야외에서 술을 마시는 것이 법적으로 금지되어 있고 심지어 밤 10시 이후에는 마트에서 술을 구입하는 것 자체가 불가능합니다. 여행 중 일행과 함께 저녁에 간단하게 맥주 한 잔을 즐기고 싶다면 밤 10시가 되기 전에 미리 사놓아야 합니다. 우리나라에서처럼 바깥 날씨가 좋아 맥주 한 캔을 들고 공원으로 나가 친구와 마시는 장면은 러시아에서는 상상할 수 없답니다. 간혹 '숙소 앞 벤치 정도는 괜찮겠지'라고 생각하는 경우도 있지만, 야외 어느 곳에서든 술을 마시면 안 된다는 점을 절대 잊지 마세요!

현지에서 한마디!

생수가 필요할 땐 이렇게 말해요!

바두　　베즈　　가자　　빠칼루이스따
Воду без газа, пожалуйста.

탄산 없는 물을 주세요.

부록

DAY 01

맛있는 연습 문제
26쪽

1 ① м ② ш ③ з

3 ① ш ② в ③ ц
  ④ ж ⑤ р ⑥ л
  ⑦ з ⑧ б ⑨ г

DAY 02

맛있는 연습 문제
32쪽

1 ① самолёт ② аэропорт
  ③ красивый ④ яблоко

3 ① вечер ② автобус ③ весна
  ④ молоко ⑤ собака ⑥ ресторан

DAY 03

맛있는 핵심 문법

◀━ 실력 다지기 1 ━▶
37쪽

① Здравствуйте, меня зовут Илья.
② Здравствуйте, меня зовут Юн А.
③ Здравствуйте, меня зовут Эмили.
④ Здравствуйте, меня зовут (자기 이름).

◀━ 실력 다지기 2 ━▶
39쪽

① Он студент.
② Мы американцы.
③ Вы братья?

◀━ 실력 다지기 3 ━▶
39쪽

① Я американец.
② Она японка.
③ Они англичане.

맛있는 연습 문제
42쪽

1 ① C ② A ③ B

> 🎧 녹음 원문
>
> ① Мы туристы.
> ② Я кореец.
> ③ Она студентка.
> - - - - - - - - - - - - - - - - - - -
> ① 우리는 관광객입니다.
> ② 나는 한국인입니다.
> ③ 그녀는 학생입니다.

2 ① Меня / зовут
  ② Русский

3

뜻	남자	여자
한국인	кореец	кореянка
러시아인	русский	русская
미국인	американец	американка
일본인	японец	японка

맛있는 핵심 문법

▶━ 실력 다지기 1 ━◀   47쪽

① Извините, где находится выход?
② Извините, где находится банкомат?
③ Извините, где находится магазин?
④ Извините, где находится гостиница?

▶━ 실력 다지기 2 ━◀   49쪽

① эта улица   ② тот дом
③ та девушка   ④ то кафе
⑤ это окно   ⑥ этот билет

맛있는 연습 문제   52쪽

1 ① где / находится
   ② Извините / где

2 ① эта ② тот ③ этот
   ④ тот ⑤ та

3 магазин / то / Спасибо

> 🎧 **녹음 원문**
>
> **A** Извините, где находится магазин?
> **B** Магазин? Вот то здание.
> **A** Спасибо!
> **B** Не за что!
>
> -
> **A** 실례지만, 상점은 어디에 있나요?
> **B** 상점이요? 바로 저 건물입니다.
> **A** 감사합니다.
> **B** 별말씀을요.

DAY 05 첫째 주 다시 보기

▶━ 실력 다지기 1 ━◀   55쪽

1 ① билет ② ваза
   ③ овощи ④ кремль

2 ① метро ② гостиница
   ③ сигареты ④ трамвай

3 ① осень ② девушка
   ③ ресторан ④ Владивосток

▶━ 실력 다지기 2 ━◀   57쪽

1 ① Она
   ② китаец
   ③ Я кореец.

2 ① Меня зовут Эмили.
   ② Извините, где находится выход?
   ③ Собор находится там.

3 ① Эта девушка.
   ② Тот поезд.
   ③ Она китаянка.
   ④ Меня зовут Чу Хён!

맛있는 핵심 문법

◀━ 실력 다지기 1 ━▶   65쪽

① Дайте гамбургер, пожалуйста!
② Дайте кофе, пожалуйста!
③ Дайте нож, пожалуйста!
④ Дайте счёт, пожалуйста!

◀━ 실력 다지기 2 ━▶   67쪽

① Один торт и два кофе, пожалуйста!
② Три картошки фри, пожалуйста!
③ Один салат из курицы и два чая, пожалуйста!

맛있는 연습 문제   70쪽

1 ① ○   ② ×   ③ ×

> 🎧 녹음 원문
> ① меню 메뉴판
> ② вода 물
> ③ четыре 4, 넷

2 ②

3 ① Дайте
     ② один / два

맛있는 핵심 문법

◀━ 실력 다지기 1 ━▶   75쪽

① Это Исаакиевский собор.
② Это большой чемодан.
③ Это моя подруга.

◀━ 실력 다지기 2 ━▶   77쪽

① Какая интересная книга!
② Какой вкусный шашлык!
③ Какая длинная дорога!
④ Какое большое здание!
⑤ Какие красивые цветы!

맛있는 연습 문제   80쪽

1 ① C   ② B   ③ A

> 🎧 녹음 원문
> ① Какой интересный фильм!
> ② Какая хорошая погода!
> ③ Какое старое метро!
> -
> ① 얼마나 흥미로운 영화인가!
> ② 날씨가 정말 좋네요.
> ③ 정말 오래된 지하철이네요.

2 ① Красная площадь
     ② вкусное блюдо
     ③ большой магазин

3

남성	여성	중성	복수
какой	какая	какое	какие
красивый	красивая	красивое	красивые
хороший	хорошая	хорошее	хорошие

DAY 08
맛있는 핵심 문법

🔖 실력 다지기 1   85쪽

① Я хочу рис.

   Я не хочу рис.

② Я хочу пиво.

   Я не хочу пиво.

③ Я хочу купить билет.

   Я не хочу купить билет.

④ Я хочу петь.

   Я не хочу петь.

🔖 실력 다지기 2   87쪽

① Что ты думаешь об этом?

② Она работает в больнице.

③ Я куплю подарок для папы.

④ Вы смотрите этот сериал?

맛있는 연습 문제   90쪽

1

я	думаю	мы	думаем
ты	думаешь	вы	думаете
он / она	думает	они	думают

2 ① шашлык   ② спать

3 ① хочу   ② Пойдём

   ③ смотреть / фильм

> 🎧 녹음 원문
>
> ① Я хочу торт.
>
> ② Пойдём пить кофе.
>
> ③ Я хочу смотреть фильм.
>
> ---
>
> ① 나는 케이크가 먹고 싶어요.
>
> ② 커피 마시러 가자.
>
> ③ 나는 영화 보고 싶어요.

DAY 09
맛있는 핵심 문법

🔖 실력 다지기 1   95쪽

① A Сколько стоит матрёшка?

   B Две тысячи рублей.

② A Сколько стоит шоколад?

   B Сто сорок рублей.

③ A Сколько стоит магнит?

   B Семьсот шестьдесят рублей.

④ A Сколько стоит билет?

   B Десять тысяч пятьсот рублей.

🔖 실력 다지기 2   97쪽

① Очень(Как) быстро!

② Очень(Как) удобно!

③ Очень(Как) сладко!

④ Очень(Как) шумно!

맛있는 연습 문제　　　　　　　　100쪽

1　① A　　　② C　　　③ B

> 🎧 **녹음 원문**
>
> ① пятьдесят рублей 50루블
> ② двести рублей 200루블
> ③ сто рублей 100루블

2　① дорого
　　　② Сколько стоит
　　　③ хорошо

3　① 57　　　② 340　　　③ 6800

 둘째 주 다시 보기

🔈 **실력 다지기 1** 🔈　　　　103쪽

1　① Дайте　　　② один / два

2　четыре / шесть

3　① Это **моя мама**.
　　　② Какая **красивая!**
　　　③ Какой **хороший дом!**

🔈 **실력 다지기 2** 🔈　　　　105쪽

1　① Пойдём
　　　② Пойдём / кофе

2　① Я хочу **купить зонт.**
　　　② Бо Рам хочет **есть торт.**

3　Сколько / стоит / рублей / дорого

> 🎧 **녹음 원문**
>
> A Сколько это стоит?
> B 1000 рублей.
> A Ой, очень дорого!
>
> - - - - - - - - - - - - - - - - - -
>
> A 이거 얼마예요?
> B 1000루블입니다.
> A 이런! 아주 비싸네요!

맛있는 핵심 문법

━● 실력 다지기 1 ●━   113쪽

① Тебе нужны наушники?
② Им нужно время?
③ Ему нужна тарелка?
④ Вам нужен чек?

━● 실력 다지기 2 ●━   115쪽

① Он уже читал эту книгу.
② Таня купила сувенир.
③ Сегодня солнце встало очень рано.
④ Они долго гуляли по парку.

맛있는 연습 문제   118쪽

1 ① Ей нужно пальто.
   ② Вам нужна ложка?
   ③ Мне нужен телефон.

2 ① Я читал книгу.
   ② Он смотрел телевизор.
   ③ Она говорила по-корейски.

3 ① Ему нужен билет.
   ② Мне нужен отдых.
   ③ Они купили матрёшку.

맛있는 핵심 문법

━● 실력 다지기 1 ●━   123쪽

① Ему нужно сесть на автобус.
② Мне нужно купить подарок.
③ Нам нужно забронировать ресторан.
④ Вам нужно показать паспорт.

━● 실력 다지기 2 ●━   125쪽

① У меня есть машина.
   У меня нет машины.
② У него есть смартфон.
   У него нет смартфона.
③ У них есть здание.
   У них нет здания.

맛있는 연습 문제   128쪽

1 ① Мне / нужно
   ② Ей / нужно / такси

2 ① У меня нет зубной пасты.
   ② У вас нет туалетной бумаги?
   ③ У неё нет документа.

3 у меня есть время /
у них нет фотоаппарата

맛있는 핵심 문법

◁━ 실력 다지기 1 ━▷　　　　133쪽

① Я пью кофе в кафе.

② Она сидит на диване.

③ Мы живём в Сеуле.

④ Паспорт лежит на стойке.

◁━ 실력 다지기 2 ━▷　　　　135쪽

① A Можно войти?

　B Да, можно.

② A Можно готовить еду в номере?

　B Нет, нельзя.

③ A Можно посмотреть твой новый

　компьютер?

　B Да, конечно.

맛있는 연습 문제　　　　138쪽

1　① Ключ лежит в сумке.

　② Я живу в Пусане.

　③ Он учил русский язык в

　университете.

> 🎧 녹음 원문
>
> ① Где лежит ключ?
>
> ② Где ты живёшь?
>
> ③ Где он учил русский язык?
>
> ------------------------------
>
> ① 열쇠는 어디에 있어요?
>
> ② 너는 어디 살아?
>
> ③ 그는 어디에서 러시아어를 배웠나요?

2　можно / сувениры / Да / можно

3　① в　　　　② на

맛있는 핵심 문법

◁━ 실력 다지기 1 ━▷　　　　143쪽

① A Какой сегодня день недели?

　B Сегодня четверг.

② A Какой вчера был день недели?

　B Вчера был понедельник.

③ A В каком месяце ты планируешь

　поехать в отпуск?

　B Наша семья обычно ездит в

　отпуск в августе.

◁━ 실력 다지기 2 ━▷　　　　145쪽

① четыре часа пятнадцать минут

② десять часов двадцать минут

③ семь часов пятьдесят минут

④ одиннадцать часов сорок минут

맛있는 연습 문제　　　　148쪽

1　① в / четверг

　② в / семь / часов / вечера

> 🎧 녹음 원문
>
> ① Наш поезд отправляется в четверг.
>
> ② Концерт начинается в семь часов
>
> вечера.
>
> ------------------------------
>
> ① 우리(가 탈) 기차는 목요일에 출발합니다.
>
> ② 콘서트는 저녁 7시에 시작합니다.

2 ① четыре часа сорок минут

② май

③ четверг

3 завтра / часов / минут / утра / вечера / Нет / утра

 셋째 주 다시 보기

━━◖ 실력 다지기 1 ◗━━ 151쪽

1 ① Мне **нужна** машина.

② Ему **нужна** книга.

③ Вам **нужно** лекарство?

④ Ей не **нужно** пальто.

2 ① купил

② встала / гуляла

③ делал

3 Мне нужно / У меня есть / шапки / нужна / Мне

━━◖ 실력 다지기 2 ◗━━ 153쪽

1 ① на ② в ③ В

2 пятницу / ресторан / можно / нужно

🎧 녹음 원문

Мой день рождения уже в эту пятницу. Я и Эмили пойдём в ресторан. Обычно я не ем торт, но на день рождения можно! Я не хотел идти, но Эмили сказала, что день рождения нужно праздновать.

제 생일이 벌써 이번 주 금요일입니다. 저와 에밀리는 식당에 갈 거예요. 보통 저는 케이크를 먹지 않지만 생일에는 가능하지요! 전 나가고 싶지 않았지만 에밀리가 말하길 생일은 꼭 기념해야 한대요.

3 ① в эту среду

② на автобусе

DAY 16
맛있는 핵심 문법

━━◖ 실력 다지기 1 ◗━━ 161쪽

① Это **ваш** чемодан?

② Это **мои** новые штаны.

③ Ты знаешь **их** расписание?

④ Я вчера видел **его** брата.

━━◖ 실력 다지기 2 ◗━━ 163쪽

① Я хочу стать **учителем**.

② Каждый вторник я занимаюсь **теннисом**.

③ Это блюдо надо есть **руками**.

맛있는 연습 문제 166쪽

1 ①

🎧 녹음 원문

A Привет!

B Привет! Как твои дела?

A Я в последнее время занимаюсь
русским языком! А ты?

B А я работаю учителем в школе.

A 안녕!

B 안녕! 어떻게 지내니?

A 나는 요새 러시아어를 공부해. 너는?

B 나는 학교 선생님으로 일하고 있어.

· последнее время 요즘

2 ① Чьё
② собакой
③ ложкой

3 моя / Мой / инженером / Моя / Моя /
языком / актёром

DAY 17
맛있는 핵심 문법

◀━ 실력 다지기 1 ━▶ 171쪽

① Мы ездили на море на машине.

② До МГУ можно доехать на трамвае.

③ Из Сеула до Пусана на поезде всего
два с половиной часа.

④ С понедельника по четверг шёл
дождь.

◀━ 실력 다지기 2 ━▶ 173쪽

A Алло, ты где?

B Я здесь. Слева от кассы.
Подходи сюда!

A А! Я сейчас сзади кассы.
Жди там, я туда подойду!

B Ага, хорошо. Давай быстрее!

맛있는 연습 문제 176쪽

1 ① Из / до
② субботы / понедельник
③ машине

2 ① Кафе находится справа от парка.
② Здесь можно повернуть налево?

3 ① центре
② автобусе
③ там

🎧 녹음 원문

① Улица Арбат находится в центре
города.

② До гостиницы надо ехать на
автобусе.

③ Я хочу сфотографироваться там.

---

① 아르바트 거리는 도시 중심에 위치해 있습니다.

② 호텔까지는 버스를 타고 가야 합니다.

③ 나는 거기에서 사진을 찍고 싶습니다.

DAY 18

맛있는 핵심 문법

▬▬ 실력 다지기 1 ▬▬   181쪽

① Им нравится плавать в бассейне.

② Ей не нравится красное платье.

③ Я люблю играть на пианино.

④ Вы не любите мороженое?

▬▬ 실력 다지기 2 ▬▬   183쪽

① Я больше люблю яблоки чем бананы.

  Я больше люблю бананы чем яблоки.

② Мне больше нравятся большие гостиницы чем маленькие хостелы.

  Мне больше нравятся маленькие хостелы чем большие гостиницы.

③ Я больше люблю ездить на поезде, чем летать на самолёте.

  Я больше люблю летать на самолёте, чем ездить на поезде.

맛있는 연습 문제   186쪽

1   ① Ей больше нравятся фильмы.

    ② Я не люблю гулять по парку.

    ③ Мне нравится русская еда.

2   ②

3   люблю / больше / шашлыки / маме

🎧 녹음 원문

Я люблю гулять по Владивостоку.

Это очень красивый город.

Он мне нравится больше, чем Хабаровск.

И еда здесь очень вкусная! Мне очень нравятся шашлыки. А маме они не нравятся.

저는 블라디보스토크를 거니는 것을 좋아합니다. 이 도시는 아주 아름다운 도시입니다. 이 도시는 하바롭스크보다 제 마음에 더 듭니다. 그리고 음식 역시 아주 맛있습니다. 저는 샤슬릭을 매우 좋아합니다. 그러나 우리 엄마는 그것을 좋아하지 않습니다.

DAY 19

맛있는 핵심 문법

▬▬ 실력 다지기 1 ▬▬   191쪽

① Бо Рам умеет играть на гитаре?

② Мой брат не умеет водить машину.

③ Вы можете забронировать такси только через приложение.

▬▬ 실력 다지기 2 ▬▬   193쪽

① В этом кафе салат дороже чем сэндвич.

  В этом кафе сэндвич дешевле чем салат.

② Россия больше чем Корея.

  Корея меньше чем Россия.

③ Самолёт быстрее чем поезд.

  Поезд медленнее чем самолёт.

1
- ① говорите
- ② умеет
- ③ можешь

🎧 녹음 원문

① Извините,

Вы говорите по-корейски?

② Эмили умеет играть на скрипке.

③ Ты можешь пойти со мной в театр?

- -

① 실례합니다, 한국어를 할 줄 아시나요?

② 에밀리는 바이올린을 연주할 줄 압니다.

③ 나랑 같이 극장에 갈 수 있어?

2
- ① удобнее
- ② вкуснее
- ③ хуже

3
- ① Извините(Простите) / по-русски
- ② теплее / чем

넷째 주 다시 보기

1 ① Чей   ② её   ③ моя

2 доктором / в школе / спортсменом / музыкантом

🎧 녹음 원문

Мой папа работает доктором. Моя мама - учитель. Она работает в школе. Мой брат любит спорт. Он хочет стать спортсменом. И я люблю музыку. Я хочу стать музыкантом.

- -

우리 아빠는 의사로 일하고 계십니다. 우리 엄마는 선생님이세요. 그녀는 학교에서 일하십니다. 우리 오빠는 운동을 좋아해요. 그는 운동선수가 되고 싶어 해요. 그리고 저는 음악을 좋아해요. 저는 음악가가 되고 싶습니다.

3
- ① Дети сейчас сидят в машине.
- ② Пять лет назад Илья жил во Владивостоке.
- ③ Каждый день она ездит в школу на автобусе.

1 ① Ей   ② Маме / фильм

2
- ① Мой брат говорит по-английски лучше чем по-русски.
- ② Мне живопись интереснее, чем музыка.

3 ① можете   ② больше

 **러시아어 핵심 문법**

01. 러시아어 명사의 성

남성 명사	어미 없음(자음으로 끝나는 단어)	**стол** 책상, **телефон** 휴대폰
	-рь로 끝나는 명사	**словарь** 사전
	-ь로 끝나는 일부 명사	**день** 하루, 날, 일
여성 명사	-а/-я로 끝나는 명사	**мама** 엄마, **сумка** 가방
	-ь로 끝나는 일부 명사	**ночь** 저녁, 밤
중성 명사	-о/-е로 끝나는 명사	**пальто** 외투, **море** 바다

예외 кофе는 -е로 끝나지만 중성 명사가 아닌 남성 명사입니다.

02. 러시아어 명사의 수

*단수 명사의 어미를 변화시켜 복수 명사를 만듭니다.

남성 명사	자음으로 끝나는 명사 → -ы -й/-ь로 끝나는 명사 → -и	**стол**[단수 : 책상] - **столы**[복수 : 책상들] **музей**[단수 : 박물관] - **музеи**[복수 : 박물관들] **день**[단수 : 날, 일] - **дни**[복수 : 날들, 일들]
여성 명사	-а로 끝나는 단수 명사 → 어미를 -ы로 변화시킴	**женщина**[단수 : 여자] - **женщины**[복수 : 여자들]
	-я로 끝나는 단수 명사 → 어미를 -и로 변화시킴	**станция**[단수 : 역, 정거장] - **станции**[복수 : 역들, 정거장들]
중성 명사	-о로 끝나는 단수 명사 → 어미를 -а로 변화시킴	**окно**[단수 : 창문] - **окна**[복수 : 창문들]
	-е로 끝나는 단수 명사 → 어미를 -я로 변화시킴	**поле**[단수 : 들판] - **поля**[복수 : 들판들]

예외 брат[단수 : 형제] - братья[복수 : 형제들]

город[단수 : 도시] - города[복수 : 도시들] 등

03. 러시아어 격변화

▷ 명사의 격변화

	남성 명사	여성 명사	중성 명사	복수 명사
주격 именительный	• 자음으로 끝나는 명사 • -ь로 끝나는 일부 명사	• -а/-я로 끝나는 명사 • -ь로 끝나는 일부 명사	• -о/-е로 끝나는 명사	• 단수 명사의 어미를 -и/-ы로 변화시킴
생격 родительный	-а/-я	-и/-ы	-а/-я	• -ов/-ев • 일부 명사는 어미가 없어짐
여격 дательный	-у/-ю	-е/-и	-у/-ю	-ам/-ям
대격 винительный	• 생명체 : -а/-я • 무생명체 : 어미 없음(주격과 동일)	-у/-ю	주격과 동일	주격과 동일
조격 творительный	-ом/-ем/-ём	-ой/-ей/-ью	-ом/-ем/-ём	-ами/-ями
전치격 предложный	-е	-е/-и	-е	-ах/-ях

▷ 대명사의 격변화

	나	너	그 / 그녀	우리	너희들, 당신	그들
주격	я	ты	он / она	мы	вы	они
생격	меня	тебя	его / её	нас	вас	их
여격	мне	тебе	ему / ей	нам	вам	им
대격	меня	тебя	его / её	нас	вас	их
조격	мной	тобой	им / ей	нами	вами	ими
전치격	(обо) мне	(о) тебе	(о) нём / (о) ней	(о) нас	(о) вас	(о) них

▷ 소유대명사의 격변화

① 남성형, 중성형 소유대명사

	나	너	그 / 그녀	우리	너희들, 당신	그들
주격	мой / моё	твой / твоё	его / её	наш / наше	ваш / ваше	их
생격	моего	твоего	его / её	нашего	вашего	их
여격	моему	твоему	его / её	нашему	вашему	их
대격	생명체 : моего 사물 : мой 중성 : моё	생명체 : твоего 사물 : твой 중성 : твоё	его / её	생명체 : нашего 사물 : наш 중성 : наше	생명체 : вашего 사물 : ваш 중성 : ваше	их
조격	моим	твоим	его / её	нашим	вашим	их
전치격	(о) моём	(о) твоём	(о) его / (о) её	(о) нашем	(о) вашем	(об) их

② 여성형 소유대명사

	나	너	그 / 그녀	우리	너희들, 당신	그들
주격	моя	твоя	его / её	наша	ваша	их
생격	моей	твоей	его / её	нашей	вашей	их
여격	моей	твоей	его / её	нашей	вашей	их
대격	мою	твою	его / её	нашу	вашу	их
조격	моей	твоей	его / её	нашей	вашей	их
전치격	(о) моей	(о) твоей	(о) его / (о) её	(о) нашей	(о) вашей	(об) их

04. 러시아어 동사 변화

① 1식 동사 인칭에 따른 변화 🔊 гулять 산책하다

Я 나	ТЫ 너	ОН / ОНА 그 / 그녀	МЫ 우리	ВЫ 너희들, 당신	ОНИ 그들
-у/-ю	-ешь	-ет	-ем	-ете	-ут/-ют
гуляю	гуляешь	гуляет	гуляем	гуляете	гуляют

*1식 동사 : -еть, -ать, -ять, -оть, -уть, -ыть, -ти로 끝나는 동사(일부 예외)

② 2식 동사 인칭에 따른 변화 🔊 дарить 선물하다

Я 나	ТЫ 너	ОН / ОНА 그 / 그녀	МЫ 우리	ВЫ 너희들, 당신	ОНИ 그들
-у/-ю	-ишь	-ит	-им	-ите	-ат/-ят
дарю	даришь	дарит	дарим	дарите	дарят

*2식 동사 : -ить로 끝나는 동사(일부 예외)

01. 숫자

1	один	20	двадцать
2	два	30	тридцать
3	три	40	сорок
4	четыре	50	пятьдесят
5	пять	60	шестьдесят
6	шесть	70	семьдесят
7	семь	80	восемьдесят
8	восемь	90	девяносто
9	девять	100	сто
10	десять	200	двести
11	одиннадцать	300	триста
12	двенадцать	400	четыреста
13	тринадцать	500	пятьсот
14	четырнадцать	600	шестьсот
15	пятнадцать	700	семьсот
16	шестнадцать	800	восемьсот
17	семнадцать	900	девятьсот
18	восемнадцать	1,000	тысяча
19	девятнадцать	10,000	десять тысяч

예외 숫자는 위 표현을 결합해서 읽으면 됩니다. 예 1,235 → тысяча двести тридцать пять

02. 월

1월	январь	7월	июль
2월	февраль	8월	август
3월	март	9월	сентябрь
4월	апрель	10월	октябрь
5월	май	11월	ноябрь
6월	июнь	12월	декабрь

03. 요일

월요일	понедельник	월요일에	в понедельник
화요일	вторник	화요일에	во вторник
수요일	среда	수요일에	в среду
목요일	четверг	목요일에	в четверг
금요일	пятница	금요일에	в пятницу
토요일	суббота	토요일에	в субботу
일요일	воскресенье	일요일에	в воскресенье

04. 때

초	секунда	어제	вчера
분	минута	오늘	сегодня
시	час	내일	завтра
아침	утро	지난주에	на прошлой неделе
낮, 하루	день	이번 주에	на этой неделе

저녁, 밤	вечер	다음 주에	на следующей неделе
밤, 새벽	ночь	지난달에	в прошлом месяце
일주일	неделя	이번 달에	в этом месяце
달, 월	месяц	다음 달에	в следующем месяце
반기	полугодие	작년에	в прошлом году
년, 해	год	올해에	в этом году
세기	век	내년에	в следующем году

05. 시간

1시	(один) час	8시	восемь часов
2시	два часа	9시	девять часов
3시	три часа	10시	десять часов
4시	четыре часа	11시	одиннадцать часов
5시	пять часов	12시	двенадцать часов
6시	шесть часов	정오	полдень
7시	семь часов	자정	полночь

06. 가족

엄마(어머니)	мама(мать)	아빠(아버지)	папа(отец)
딸	дочь	아들	сын
할머니	бабушка	할아버지	дедушка
손녀	внучка	손자	внук
언니, 누나, 여동생	сестра	오빠, 형, 남동생	брат

고모, 이모	тётя	삼촌, 외삼촌	дядя
아내	жена	남편	муж
부부	супруги	자녀	дети

07. 공항

공항	аэропорт	수화물 벨트	багажная лента
비행기	самолёт	게이트	ворота
짐, 수화물	багаж	체크인 카운터	стойка регистрации
티켓	билет	매표소, 계산대	касса
탑승권	посадочный талон	화장실	туалет
창가 좌석	место у окна	비상구	аварийный выход
복도 좌석	место у прохода	이코노미석	эконом-класс
세관	таможня	비즈니스석	бизнес-класс
여권	паспорт	퍼스트 클래스	первый класс
거주 등록 카드	регистрация	환전소	обмен денег
출입국 관리소	иммиграционный контроль	면세점	магазин беспошлинной торговли
입국 신고서	карточка иммиграционного контроля		

08. 통신

스마트폰	смартфон	다운로드하다	скачать
유심 카드	сим-карта	설치하다	установить

요금제	тариф	컴퓨터	компьютер
인터넷	интернет	태블릿	планшет
무료 통화	бесплатный звонок	콘센트	розетка
문자 메시지	СМС сообщение	충전기	зарядка
로밍	роуминг	와이파이	вайфай
대여	прокат	연결하다	подключиться
앱	приложение	문자를 보내다	отправить сообщение

09. 색깔

빨간색	красный	파란색	синий
주황색	оранжевый	보라색	фиолетовый
노란색	жёлтый	분홍색	розовый
녹색	зелёный	흰색	белый
하늘색	голубой	검은색	чёрный

10. 신체

머리	голова	볼, 뺨	щека
머리카락	волосы	이빨	зубы
눈	глаз	배	живот
입	рот	등	спина
코	нос	팔, 손	рука
귀[복수]	уши	다리, 발	нога

러시아어 키보드 자판

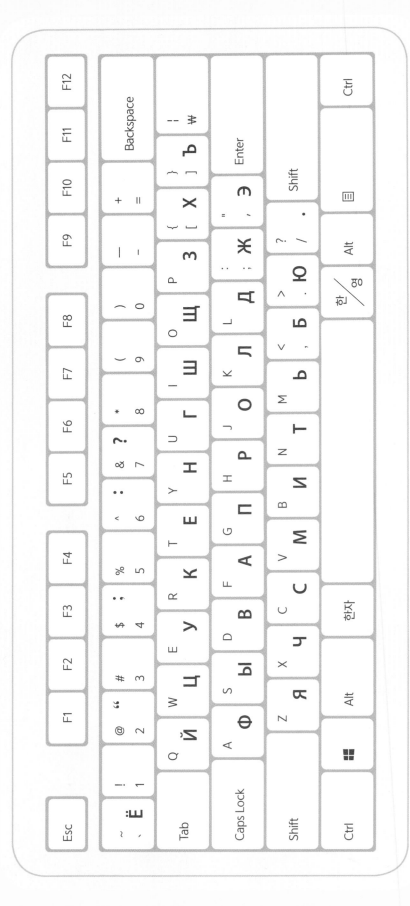

한눈에 보는 러시아어 발음

발음 기호

ъ	ь
경음부호	연음부호

모음

Аа	Ее	Ёё	Ии	Оо	Уу	ыы	Ээ	Юю	Яя
아	예, 이	요	이	오, 어	우	으	에	유	야, 이

자음

Бб	Вв	Гг	Дд	Жж	Зз	Йй	Кк	Лл	Мм
ㅂ	v	ㄱ	ㄷ, ㅈ	ㅈ	z	이	ㄲ, ㅋ	ㄹ	ㅁ

Нн	Пп	Рр	Сс	Тт	Фф	Хх	Цц	Чч	Шш	Щщ
ㄴ	ㅃ	ㄹ	ㅅ, ㅆ	ㄸ, ㅌ	f	ㅎ	ㅉ	ㅊ	쉬	시

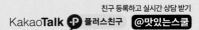